世界のエリートはなぜ「イスラエル」に注目するのか

新井均
Arai Hitoshi

東洋経済新報社

まえがき

私自身の社会人としてのスタートはNTT（当時日本電信電話公社）の研究者である。電電公社は典型的なドメスティック企業だったが、1985年に民営化してNTTとなってからは国際通信にも関わり、私自身の仕事も海外との接点が増えていった。ただ、そのほとんどがアメリカだった。イスラエルとの接点ができたのは、NTTを辞めて7年後の2007年である。イスラエルという国に特に関心があったわけではなく、単に興味ある技術を持つ提携先企業の国がたまたまイスラエルであった、に過ぎない。もちろん、当該企業とのビジネスをうまく進めるために、〝ありがとう〟という言葉をヘブライ語ではなんと言うんだろう、といった程度の好奇心はあったが、その後13年間も多くのイスラエルの人々と付き合い、彼らから学ぶだけではなく、彼らの生活・文化にまで興味を持ち、自ら調べることになるとは想像もしていなかった。逆に、新聞やニュースでイスラエルが非難される報道を見聞きすることもあり、正直なところ、当初は〝あまり関わらないほうがよい〟とも考えていた。

それが、仕事の範囲を超えてイスラエルに興味を持つようになった理由の一つは、出会ったイスラエル人たちの多くが、とてもよく日本のことを知っており、総じて親日家であったということが大きい。それも教科書やガイドブックの知識レベルではない。息子の好きな漫画が『ＮＡＲＵＴＯ（ナルト）』で彼は全巻持っている、と言った企業経営者や、僕は梶芽衣子《かじめいこ》の歌が好きでＣＤを持っていると言った若いエンジニアもいた。彼らは日本にこれだけ興味を持ち、色々なことを知っているのに比べ、自分はイスラエルのことを何も知らなかった。私が知っていたことといえば、ホロコースト以外には、１９７２年に日本赤軍の岡本公三《こうぞう》がイスラエルの空港で銃を乱射して大勢の人々を殺害したこと、好きな音楽家の一人であるイツァーク・パールマンがユダヤ人であること、くらいであった。さすがに余りに何も知らないというのはビジネス儀礼上も失礼かと考え、少しずつ調べ始めたところ、学べば学ぶほど、イスラエルという国（及び建国前のユダヤ人）の長い歴史・文化・習慣等が日本のそれとは大きく異なる部分がある一方で、逆にとても似ている側面もある、ということに興味を抱くようになった。それが、以降13年間にわたりイスラエルと付き合うことになったきっかけである。

日本と異なる点がたくさんある中で、彼らを理解する上で重要だと思う事例の一つは、「彼らは早く大人になる」という事実である。ユダヤ教の成人式は、男子がバル・ミツバ（写真）と呼ばれ13歳、女子はバット・ミツバと呼ばれ12歳である。ミツバとはユダヤ教の戒律のこと

写真　バル・ミツバ

撮影者　Yonatan Sindel
Credit attribution requested for the photographer
and for the Israel Ministry of Tourism.

であり、戒律を守ることができる年齢が成人とされる。もちろん、成人といっても結婚できるとか、選挙権が与えられるという意味ではないが、宗教的には戒律を守ることができる、自分の行動に責任を持てる年齢になったと見なされる。この成人式には、外国に住んでいる親類縁者もお祝いのために駆けつけ、男子はトーラーと呼ばれる聖書の律法（人々が守るべきルール）を参加者の前で暗唱せねばならない。この儀式はエルサレムの聖地「嘆きの壁」の前で行われることも多いという。私も嘆きの壁を訪れた際、何度かその場面に出会った。無事に式が終わると、親族だけではなく、その場にいる人々も歓声をあげて祝福する。その後、参加者は家やレストランに移って、大勢でお祝いの宴をする。13歳の少年が、大勢の人々の前でかなり長い聖書の言葉を暗唱するのは、かなりのプレッシャーではないかと想像する。しかし、彼らは皆それを乗り越え、社会から大人として扱われるようになる。戒律を自分で守れる年齢になり、もしその義務を果たせずに過ちを犯した場合には、自分自身で責任を取る、という存在となる。不思議なもので、この日を境に、子供たちはすっかり頼もしくなってゆくようだ。

それは宗教上の儀式だろう、と思う人もいるかもしれないが、イスラエルでは宗教は日常生活の中に深く組み込まれているので、我々日本人の感覚に照らして言えば、七五三のお宮参りをするのと同じレベルの「生活に根付いた文化・習慣」であると言ってよいだろう。かつ、日本の場合はこのような「文化・習慣」のイベント色が強くなっているが、イスラエルの場合は「それに付随する意義」がなお大変大きな意味を持っており、日常生活の中に影響を与えているのだ。例えて言えば、我々は、大相撲を興行・スポーツとして楽しむが、もとを正せば相撲は「神事」である。この「神事」の部分を頑なに守り、それが日常生活の中で大きな意味を持っているようなものである。さらに、後の章でも触れるが、イスラエルの若者は男女共に18歳で兵役に行く。13歳で社会から大人として迎え入れられ、18歳になると兵役という厳しい経験をすることで、若者たちは、日本の10代よりもずっと早く大人の自覚を持ち逞《たくま》しくなる。こんなことに言及したのは、これが、年間１０００社以上のスタートアップを輩出するというダイナミズムを持つ今のイスラエルを作り上げた、彼らの強みにつながっていると感じているからである。

言うまでもなく、今の日本は変革を求められている。１９７０年代に高度経済成長が終わり、１９９０年代にバブルも崩壊して不況期に入って以降、いまだデフレから抜け出せないにもかかわらず、日本社会全体はその状況変化に対応できないまま惰性で生きているようなものである。過去の成功体験からなかなか抜け出せない、ある種の思考停止状態と言ってもよい。２０１０年以降、過去に経験したことがない人口減少の局面に入り、何も手を打たなければ経済は縮小してゆくことは自明であるにもかかわらず、〝問題の先送り〟以上のことにはなかなか踏み切れない。状況を打開するために求められるのは、産業構造の変革であることは間違いないだろう。品質の良いモノを大量生産することで、世界第2位の経済大国であった時代ははるか昔に過ぎ去り、グーグルやアマゾンのようなイノベーションを興すことで、成長軌道に回帰することを模索する以外には我々が進むべき道はないはずだ。

そのグーグルやフェイスブックのような多くの世界の先端企業がイスラエルに進出し、投資をし、あるいはイスラエルの技術を取り入れて自らの事業に活かしている。つまり、イスラエルには、これら先端企業の競争力の源泉ともなる魅力的な〝資源〟があるのだ。我々も先達に倣ってその資源を探し、その資源を生み出しているスタートアップ・ネーション、イスラエルのやりかたを学ぶこと、が必要ではないだろうか。当初、そこまでの問題意識はなかったものの、親日家である彼らの国のことを少しでも知ろうとして13年間付き合ってきた中で、我々日本人にとって参考になることが色々見えてきたのである。本書では、様々な形で日本とイスラエルを比較し、彼我の比較において、我々が学べることがないか、を模索する。前半では、筆者自身がイスラエルをより良く理解するために、ユダヤ人の歴史や宗教、イスラエルの取った経済政策等を学びながら振り返った。しかし、読者によってはこれらの内容が教科書的で退屈かもしれない。その場合には第2章、第3章は読み飛ばして頂いて構わない。ただ、第4章の「超エリートを育てるタルピオット・プログラム」だけは是非読んで頂きたい。余り知られていないこの独自の「エリート教育」こそが、現在のイスラエルの強さを作り上げた秘密であり、我々が学ぶべき点であると考えるからである。

2020年4月

新井　均

目次——世界のエリートはなぜ「イスラエル」に注目するのか

第1章 身近にあるイスラエル技術

第2章

生きるために制約を乗り越える：イノベーションを生む土壌

第3章
人を育ててきた歴史とイスラエルが取った戦略

第4章
超エリートを育てるタルピオット・プログラム

第5章 教育を重視するイスラエルの文化的背景

第6章 日本とイスラエルとの違い

学力をつける日本、子供の好奇心を育てるイスラエル 182
会社組織中心社会日本、誰とでもつながるソーシャルネットワーク社会イスラエル 185
品質管理の日本、QA（クオリティ・アシュアランス）のイスラエル 189
付加価値の作り方が異なる 192
他国に支配されたことのない日本、他国に支配され続けたユダヤ人 196
ハーバードの研究結果でも対極に置かれた日本人とイスラエル人 199
産業革新投資機構（JIC）とヨズマ 202

第7章 イスラエルから学べること、我々がなすべきこと

プロローグ

取っ掛かりとして、多少長くなるが、私自身のキャリアとイスラエル企業との関わりから始めることをご容赦願いたい。

「まえがき」で述べたように、私自身はNTT（当時日本電信電話公社）の研究者として社会人をスタートした。今なら優秀な人材が集まるのはGAFAかもしれないが、1980年当時としては、NTTの研究所は日本でもトップクラスの人材を集めた研究機関であり、自分自身がその一員になれたことは正直誇らしかった。新しい部品・装置の技術開発を進める研究所の一員として、約10年間、主にアモルファスシリコンを用いたトランジスタとその応用の研究開発に従事した。残念ながら、大勢の優秀な人材の中に埋もれた私自身は、研究者としては全く能力不足で大した成果を上げることはできなかった。まともな論文は1件しか書いていない。厚顔にも、それを棚に上げて勝手なことを言わせてもらうと、この10年にわたる研究所生活での主な発見は、

・研究者とは総じて保守的であり、自分の得意な研究フィールド、テーマを守り、新たな分野への挑戦をしたがらない人種である
・新たな研究計画を作り予算のための審議をしてもらうときには、必ず「先行事例」「競合他社比較」を求められた
・優れた成果を出している研究者は、必ずしも新たな分野の研究企画をすることが得意であるとは限らない

という三点であった。当時の仲間には不興を買うであろう暴言であることを承知で言えば、当時NTTの研究所で行われていた研究テーマの多くは、特に基礎研究ではなく応用に近い領域では、革新的であるというよりも、既に誰かが取り上げている課題についてアプローチを変えているようなテーマが多かった。また、研究者として多くの論文・研究成果を生み出す問題解決能力に優れた人材は大変多かったが、これらの優れた研究者が必ずしも新たな課題(研究テーマ)を掘り起こし、提起する力があるわけではなかったと思う。

モノ作りをする企業を「メーカー」と呼ぶのに対し、NTTのような通信企業は「ユーザ」と呼ばれる。メーカーの作るシステムを導入する(利用する)ことで、自社のサービスを提供するから、である。NTT研究所で開発した有力な技術はメーカーに技術移転され、そのメーカーが作る通信システムの中に導入されてNTTの通信ネットワークの中で使われる。NTT

研究所の使命自体が通信サービス・ネットワークの高度化・経済化に寄与する技術開発、であることは間違いないので、優れた成果が活用されることはもちろん望ましいことである。ただし、ＮＴＴ自身が毎年兆円単位の投資をしているので、いわばＮＴＴ自身が一つの「市場」であることを理解せねばならない。無論、他社よりも劣った自前の技術を無理に採用する、ということは絶対になかったが、オープンな市場の中で競合他社の類似技術と競争し、性能やコストで顧客に選ばれる、という世界とは少し異なっていた。電電ファミリーという言葉がその市場の中でＮＴＴの計画に沿って技術開発に協力してくれるメーカー群を指すように、ある意味ではよくできた仕組みであることは間違いないが、平場で競争にしのぎを削る環境、とは少し異なっていた。

その後、アメリカのビジネススクールに留学したことも契機となり、研究者から方向転換してビジネスの世界に入り、２０００年にはＮＴＴも退職して外資系メーカー企業で働くなどいくつかの転職を経験した。そして、２００７年にチャンスにめぐりあい、イスラエルのインフォジン社（当時）の技術を利用してモバイルサービスを提供するベンチャーを数名で始めた。そのサービスとは、パソコン向けのホームページを、携帯電話やその後出てきたスマートフォンの画面で最適なサイズ・レイアウトで読めるように自動変換を行う、というものである。現在では当たり前となった手法だが、まだｉＰｈｏｎｅが日本市場に登場していない２００７年当時では、類似のサービスは他に1、2件しかない目新しいものであった。これが冒頭に述べた、私とイスラエルとの最初の出会いである。その後7年間、大手のクレジットカード会社、銀行、航空会社等、いくつかの日本の大手企業へサービスを提供したが、30件以上の安価な競合サービスが登場し、自身の経営者としての能力不足もあってビジネスを思うように伸ばすことができず、２０１４年に会社ごとサービスを他社に譲渡して59歳のときに仕事人生に区切りをつけることにした。大企業のサラリーマンから起業まで、更には研究開発から営業や顧客サポートまで、およそ自分がやれそうなことは大体経験したという思いもあり、その後はリタイアの気持ちでいたが、7年間モバイルサービスのために共に働いて仲良くなったイスラエルの友人の求めに応じて、イスラエルのスタートアップ、C社のトレーニングサービスの日本市場開拓支援に携わることとなった。

C社のサービスとは、電力や鉄道など社会インフラとも言われるシステムを運用する事業者へのサイバーセキュリティ・トレーニングである。顧客のチーム（5～15名程度）に、タービン発電機やその制御システム等の実設備の備わったC社のトレーニングアリーナに来てもらい、実際に顧客が日常業務で実施しているようなシステムのオペレーション作業をしてもらう。そこにC社のハッカー（レッドチーム）が〝本物のサイバー攻撃〟をしかけ、攻撃を受けるとシステムがどうなるか、を顧客に実体験してもらうのだ。当初、私自身がなかなかこのサービスの意義を理解することができなかったが、理解できたときにはその発想の面白さに愕然とした。

当時、日本におけるサイバーセキュリティ対策といえば、ファイアウォールをはじめとして、IDS（不正侵入検知システム）、IPS（不正侵入防止システム）等、社内システムやウエブサイトを外部の攻撃から如何に守るか、という視点での様々な技術・ツールを導入することであった。すなわち、「如何に外部からの攻撃をブロックし、企業ネットワーク内部に侵入されないようにするか」という「入口対策」のソリューションがすべてと言っても過言ではなかった。ところが、このイスラエル企業、C社の発想は全く異なっていた。彼らは、サイバー攻撃を100％防ぐということはあり得ない、という前提に立っている。所詮技術の世界なので、どんな素晴らしい防御技術を導入したところで、早晩それを超える攻撃技術によって破られる、と考えているのである。であれば、攻撃されて被害が発生したときに、如何に迅速に原因を把握し、効果的なリカバリ対策を打てるか、という点に注力したほうが現実的なメリットがある、と彼らは考えているのである。すなわち、入口を守るのではなく、「出口の対策」に注力するのだ。そのために必要なのは、「実際の攻撃とそれにより発生する被害を常日ごろ経験しておくことであり、演習が重要だ」というのが彼らの発想なのである。常日ごろ演習で経験を積んでおけば、万が一本物の被害に遭ったときに、迅速に的確な対策行動がとれるのである。

考えてみれば、これは、日本人が定期的に学校や企業で経験している「地震・火災を想定した避難訓練」の考え方と全く同じである。２０２０年の現在、この「出口対策」という考え方は日本のサイバーセキュリティ分野の中でも既に市民権を得ている。しかし、私が日本市場開拓を始めた２０１４年には、「いくら入口のセキュリティ対策をしてもどうせ破られるのだから、出口対策をしましょう」というメッセージを理解した日本企業は一社もなかったと断言できる。

イスラエル人とは、こういう現実的かつ面白い思考・発想ができる人達なんだ、とわかり、それまでもイスラエルとは付き合っていたが、更に興味を持ってイスラエル企業並びにイスラエル人をウォッチし始めた。意識して見始めると、イスラエルのスタートアップが開発している商品には非常にユニークな視点のものが多かった。最近の有名な事例では、自動車の衝突防止システムに利用されるモービルアイ（https://www.mobileye.com/）がある。衝突防止システムとしては、日本でもスバルのアイサイトが有名だが、アイサイトが二眼のカメラで前方障害物・車間距離等を計測するというオーソドックスな手法であるのに対し、モービルアイはカメラが単眼であるにもかかわらず、情報処理技術により前方車間距離や車線、歩行者等を検知することができる。この技術はヘブライ大学のアムノン・シャシュア（Amnon Shashua）教授（当時39歳）により開発された。この独自の画像処理アルゴリズムをもとに、ＥｙｅＱチップというプロセッサを開発した。２０１７年８月にインテルが約１５３億ドル（１・７兆円）という高額でモービルアイを買収したのは記憶に新しい。単眼のカメラで深度を測定するということで、後付けの衝突警報装置として広く普及している。現在（2018年12月）、EyeQチップの搭載されている車両は世界で2400万台あると言われる。日本車では日産のセレナに使われている。モービルアイは更にREMと呼ばれる道路情報収集・解析機能を開発した。道路の情報、存在する障害物等を、数センチの単位で理解し、コネクテッドカーであればそのデータをクラウドに送信し、そのデータをもとに高精細の地図を作成することができる。自動運転のプロジェクトでは、車はカメラやレーダーからの情報とこの地図とをもとに状況認識・判断を行う。GPSを利用する場合の位置精度は約1メートルだが、モービルアイのカメラでは5センチの精度が可能である。また、REMではリアルタイムの地図が作られるため、ゼンリンの地図やグーグルマップには現れない工事現場とか、その標識等も含まれる地図となり、例えば工事のためにある区間が片側車線の相互通行になっているなど、より現実に即した、いわば人間のドライバーが認知するのに近い判断材料を自動運転車に提供することが可能となる。モービルアイが装着された2400万台の車が走るだけでこのような地図がリアルタイムで生成され、それをまたモービルアイが利用しながら車の運転をアシストする世界を想像すると、モービルアイは、単に衝突防止システムだけではなく、自動運転の世界のインフラにもなる可能性があることが理解できるのではないだろうか。

また、モービルアイ共同創業者であるアムノン・シャシュア教授とジブ・アビラム（Ziv Aviram）氏は、２０１０年に別の企業オーカム社（https://www.orcam/ja/）を創業し、２０１５年にメガネに取り付けて視覚障害者の生活を支援する小型のデバイスＭｙＥｙｅ（写真０-１）を開発した。視覚障害のある方が付けているＭｙＥｙｅのカメラが、捉えている新聞の文字を読みあげる、店で服の色を識別し教えてくれる、目の前の人の顔認証をしその名前を言ってくれる、等のアシストをする。視覚障害のある人々だけではなく、記憶力が悪くて〝顔はわかるが名前がなかなか思い出せない〟筆者のような人間にとっても大変魅力的なツールである。２０１７年2月の時点で、企業価値が10億ドル以上と評価されている、いわゆるユニコーン企業となった。

このような事例は枚挙にいとまがない。イスラエル企業は、独自の視点で、現実に役に立つものを開発し、投資家という第三者の高い評価を得るのである。イスラエルでは年間１０００社以上にも及ぶスタートアップが登場するが、そのほとんどに独自のエリート教育を受け、兵役として軍の技術開発に関与した〝トップ・オブ・トップ〟の人材が何らかの形で関わっているそうだ。かつ、マイクロソフトやグーグルをはじめとする世界中の３００社以上にも及ぶ多国籍企業が、彼らの技術力を活用するためにＲ＆Ｄセンターをイスラエルに開設している。この事実は、技術立国を標榜してきた日本にとっても、イスラエルは見逃すことのできない国で

写真0-1　MyEye

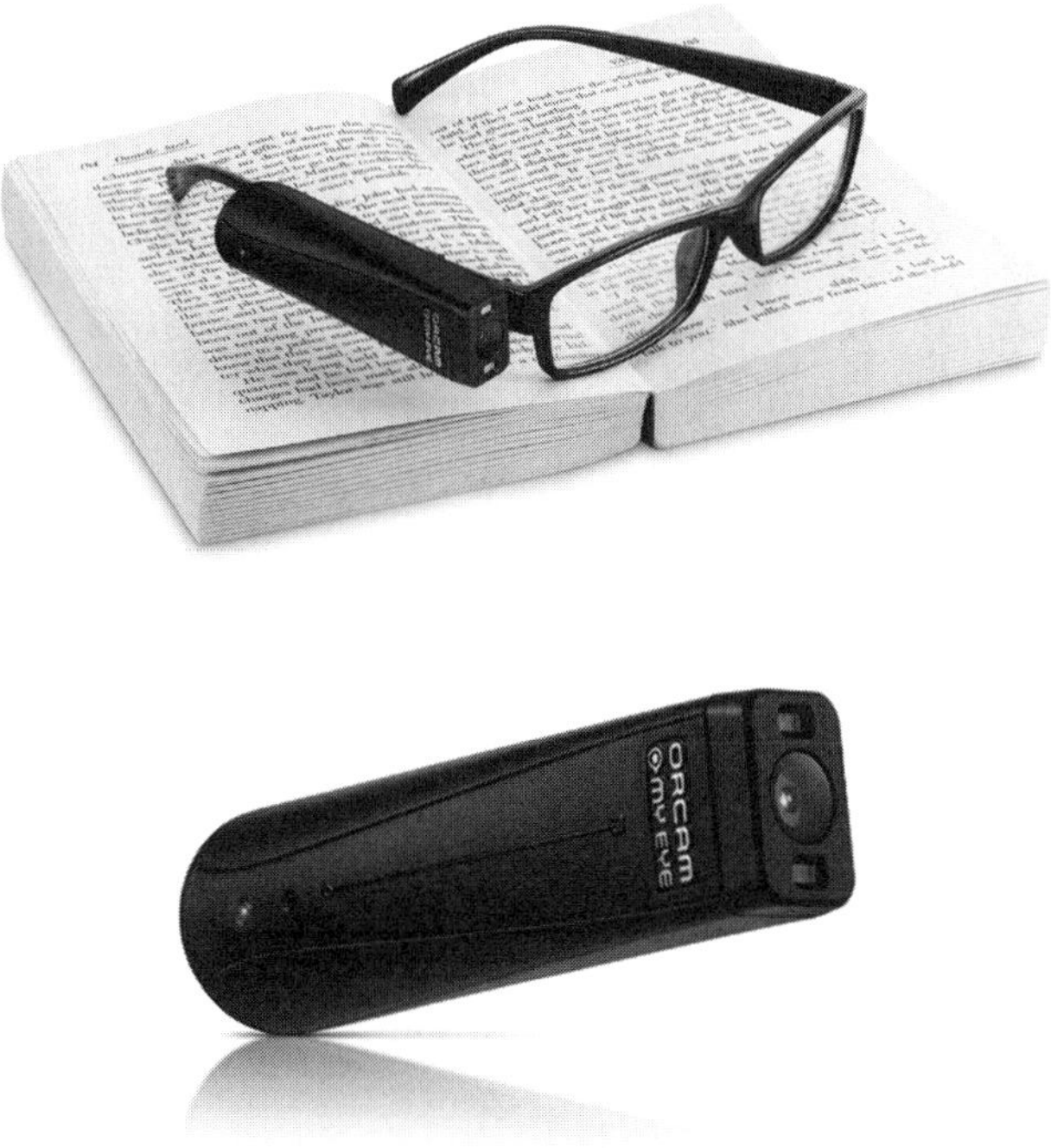

ORCAM社ホームページより

あると考えざるを得ないことに気づかせてくれる。人口９００万弱の国では国内の市場というものはないに等しい。従って彼らは最初からアメリカ市場、ヨーロッパ市場で勝負することを前提に技術開発を進めている。そして有望な技術・事業には数億ドルという規模の投資も集まる。そこには、自分で開発した技術を自分で使う仕組みのあるＮＴＴの研究開発部門で見た技術開発とは、全く異なるワクワク感があった。

　イスラエルのように、魅力的なスタートアップを次々に興してゆくには、我々はどうすればよいのだろうか？　我々に足りないものは何なのだろうか？

　今一度歴史を振り返ってみると、資本や人材に恵まれた大企業がある種の武器としていた〝情報の非対称性〟がインターネット関連技術の進化により崩れ、特徴のある中小企業や独自の技術を持つスタートアップが対等以上の競争力を持ち始めた。イスラエルはそのような「競争力の宝庫」であると言える。かつて一世を風靡《ふうび》したｉモードというビジネスモデルもスマートフォンとともに市場から退場し、日本メーカーはそのスマートフォン端末市場からもほぼ撤退した。ドコモ向けに数百万台のスマートフォン端末ビジネスをしてきた日本メーカーと、世界市場で数千万台／１シリーズのスマートフォンを売っている中国・韓国メーカーとでは、コスト競争力が桁違いであることは今更比較するまでもない。日本市場向けの仕様がグローバルな市場ニーズと異なることもあるが故に、世界市場を狙おうとすると追加の開発コストもかかることになる。中途半端に大きな日本市場でそれなりのビジネスができるがゆえに垂直統合型を志向した日本企業は、ディスインテグレーション（分業）の流れに乗り遅れていると言える。

高等教育課程で学ぶ学生自身もあまり専門能力を身につけているとは言えないかもしれないが、学生が学んできた力を即戦力として活用するという発想ではなく、新卒学生を一括採用して、企業文化も含めて新人研修で訓練して自社で使える人間として育ててゆくことの多い日本企業では、企業独自の業務プロセスを理解し、内部調整能力の優れた人間が幹部として活躍しがちである。多くの日本人にとって、就職＝就社であり、人材の流動性も昔に比べれば多少改善されてきたとはいえ、外国に比べて決して高くはない。一つの会社（及びその子会社、関連会社）で35年から40年間勤め上げることがまだまだ多数派であり、それを前提とした退職金、企業年金という仕組みは、中途採用者や海外から来たエンジニアには不利にできている。このような状況は、50年前の高度経済成長時代も、停滞期にある現在も残念ながらあまり変わらない。

「変わらない」根本原因の一つは我々の社会の「均一性」ではないだろうか？　子どもたちは同じ教科書で同じことを一斉に学ぶ。小学校では落ちこぼれを出さないように、低いレベルに合わせた授業内容になりがちだ。確かに、画一的な教育は、それなりに質の高い多数の労働者を生み出し、大量生産のモノ作りによる高度経済成長時代のビジネスを支えた。しかし、それで成功した時代はとうに終わりを告げたにもかかわらず、教育の現場は変わっていない。このような画一的な教育で育った大人たちが、他者と異なる意見と意見を戦わせるような機会も少ない均一な社会で「空気を読みながら」働く。その結果、世界の多様性と向き合い、議論し、変化を捉えながら自らの進むべき方向を見出す力、に乏しくなっているのではないだろうか？

このような素朴な疑問に対して、多様性に溢れた社会の中で、トップ・オブ・トップのエリートたちがイノベーションのダイナミズムを作り出すイスラエルに、我々が参考とすべき答えのヒントがあるのではないか、と感じるようになった。「まえがき」で紹介したように、イスラエルの少年は13歳で責任ある大人として扱われ、18歳で厳しい兵役を経験する。このような経験を通して、養われる胆力も、多くの若者が起業という挑戦に立ち向かうだけのエネルギーにつながるのではないか。また、3年間の兵役（女子は2年）の間、共に暮らし、厳しい訓練を受けた仲間同士の関係は、人間関係が希薄になってきている日本人には想像できないほど深く、濃いもので、その関係は一生続くという。この濃いネットワークが、起業にも大いに役立つらしい。このような、文化・習慣も含め、社会の仕組み、教育のありかた、等で、日本がイスラエルから学べるのではないかと考えられる点、が多々見え始めた。特に、タルピオット・プログラムという技術エリートを育てるプログラムを知ったときに、その思いは更に強くなった。

イスラエルセミナーで必ず紹介される産官学軍共同のエコシステムの構築とか、投資・経済政策、など、社会・政治の力で変えられるかもしれない仕組みの問題だけではなく、ものの考え方とか、挑戦することへの価値観、失敗を受け入れる寛容さ、など、より個々人の意識に関わるところまで、我々日本人は見つめ直してみる必要があるのではないだろうか。いくら「1円で株式会社が作れる仕組み」ができたところで、我々一人ひとりの意識が変わらなければ、それを活かすモメンタムは生まれない。単純なイスラエル礼賛をするつもりは毛頭ないが、様々な視点で彼我の比較をする中で、私たちに欠けていること、私たちが学ばなくてはならないこと、が見えてきた。それを少しずつ解き明かしてゆくのが本書の狙いである。

第1章

身近にあるイスラエル技術

２００７年以前の私自身と同様、大半の日本人にとっては、中東地域、その中のイスラエルという国自体がそれほど身近ではないだろう。ワインが好きな方であれば、イスラエルワインを通して興味を持っているかもしれないし、女性は死海の化粧品に興味があるかもしれないが、それ以外によく知られた特産物とか輸入品を我々の身近で目にすることも少ない。実際、現地に行けば、テルアビブは美しい地中海に面したリゾート地（写真1-1）であることもわかり、主にヨーロッパからと思われる多くの観光客も目にするものの、訪れたことのない大半の日本人にとっては、ハワイやパリのように観光地として訪れたい場所、という対象ではないだろう、少なくとも行き先リストの上位にはないのではないか。また、キリスト教の信者であれば、キリストの墓があるエルサレム旧市街の聖墳墓教会（写真1-2）とか、ナザレの受胎告知教会（写真1-3）には一度は行ってみたいと思うかもしれないが、結婚式と葬式以外に宗教とは縁の薄い私と同じような多くの日本人にとっては、そこまでの興味もわかないと想像する。２０２０年には日本―イスラエル間の定期直行便が始まるが（※新型コロナウイルス感染症の関係で先送り）、現状は、まず、日本からヨーロッパの何処かの都市（パリやフランクフルトなど）へ11～12時間かけて行き、そこで数時間のトランジットを経て、更にイスラエルまで3～4時間、片道合計20時間前後、というのが一般的な旅行のルートであり、行くだけで正直大変である。２０１８年の日本からイスラエルへ渡航した年間の旅行者数も2万人程度であるという。

写真1-1　テルアビブ

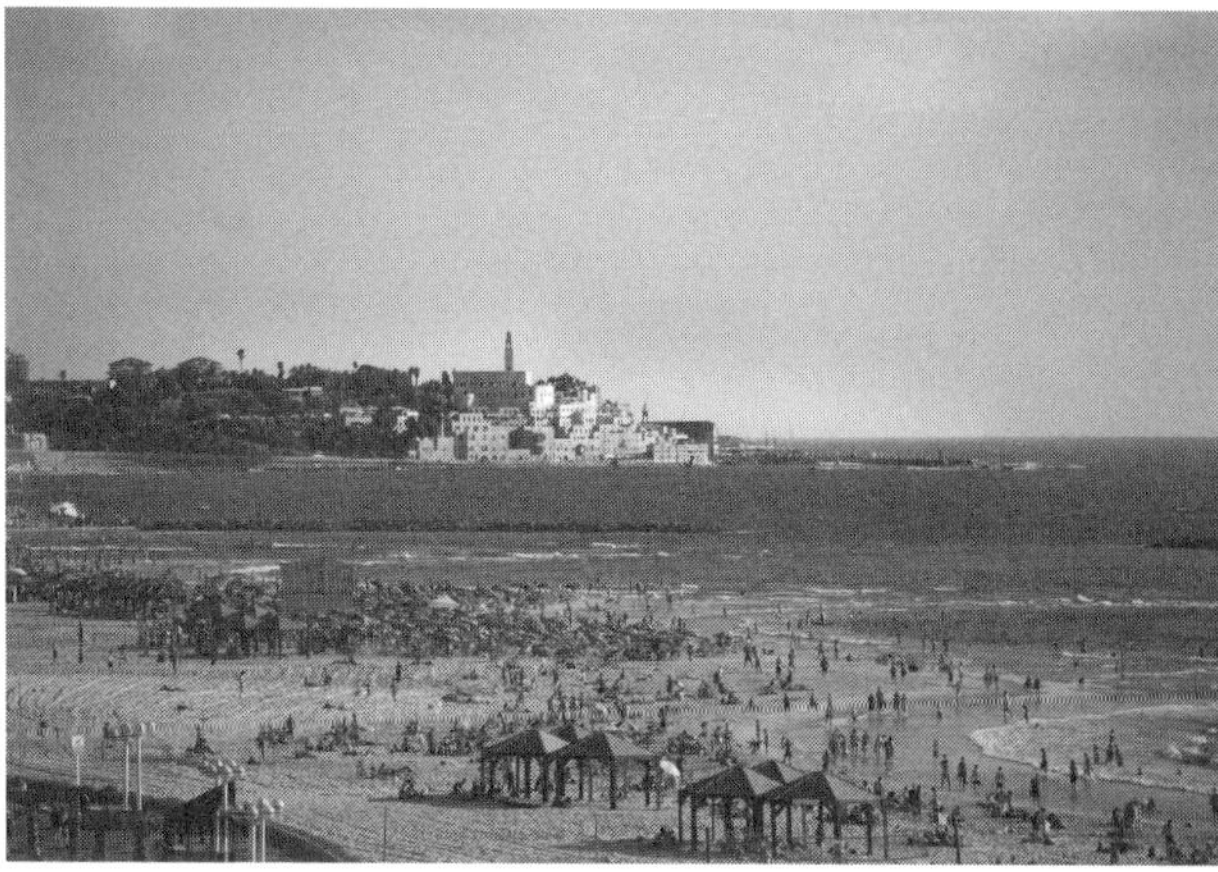

撮影者　Dana Friedlander
Credit attribution requested to the photographer
and to the Israel Ministry of Tourism.

写真1-2　聖墳墓教会

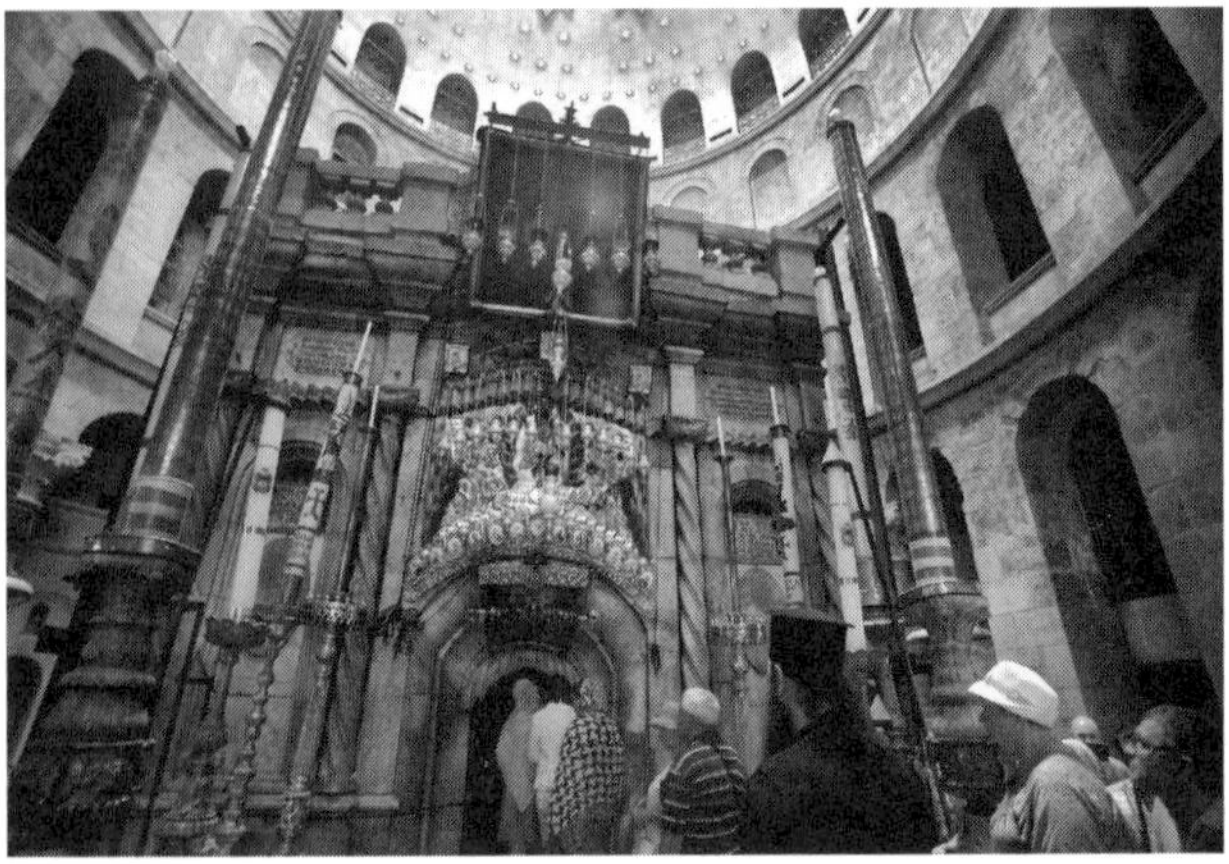

撮影者　Noam Chen
Credit attribution requested for the photographer
and for the Israel Ministry of Tourism.

写真1-3　受胎告知教会

筆者撮影

ところが、調べてみると、我々の日常生活で意識せずに使っている便利なツール・商品の中には、結構「イスラエル発」が潜んでいることが多い。イスラエルを身近に感じてもらうためにも、本題に進む前に、まず我々の身近に潜んでいるイスラエル技術のいくつかの事例を紹介したい。こんなものが、と思われるものもあるはずである。

パソコンの頭脳であるインテルのプロセッサ

1970年代までは、コンピュータとは「大型電子計算機」のことであり、大学や研究機関の一部屋を専有するほどの大きさの装置であった。ところが、1980年にインテルのハイファ（イスラエル北部の都市）のチームが8088というチップを設計することで、家庭で使えるコンピュータが実現する。IBMがこの8088チップを初のパーソナルコンピュータ（PC）に採用したことで、インテルは大変大きなビジネスを手にした。更に、ハイファのチームは1986年に386チップを開発する。8088がクロック周波数4・77MHzであったのに対し、386は33MHzという高速であった。「半導体の集積率は18カ月で2倍になる」というムーアの法則に従って高集積化が進み、高性能化、低価格化が半導体のトレンドとなったが、2000年になると、新たに「消費電力」という壁が現れた。高速化させると消費電力も上昇し、発熱量が増える。ファンのついたデスクトップパソコンならともかく、筐体《きょうたい》の小さいノートパソコンではこの発熱は大問題となり、従来とは異なる「低消費電力」のチップを開発することが必要となった。つまり、ムーアの法則に従って高集積化、高性能化を追求するという、トレンドに従った開発が難しくなったのである。

インテル・イスラエルのロニー・フリードマン（Rony Friedman、現在アップル・イスラエルのヴァイスプレジデント）は、自動車の変速機のようなアイデアを出した。すなわち、エンジンの回転数を上げることなく、変速機のギアを切り替えることで自動車は速度を上げることができる（＊16）。それと同じ考え方ができれば、チップのクロック周波数は上げないまま、処理速度を上げることができる。この新しいアーキテクチャで設計されたチップは２００３年にセントリーノという名前で発表され、インテルの売上高に大きく貢献した。その後発表されたデュアルコアのプロセッサもインテル・イスラエルチームによる設計である。ほとんどのノートパソコンにはこのインテルのチップが使われている。我々が低消費電力ながら十分な性能のノートパソコンを使うことができるのは、インテル・イスラエルチームによる設計力のおかげである。

ＵＳＢメモリ

我々の日常生活の中で幅広く使われてきたＵＳＢメモリも、イスラエルのM-Systemsという会社が１９９９年に発明した。フラッシュメモリという半導体不揮発メモリを利用した記憶媒体である。M-Systems自体はフラッシュメモリを製造しておらず、サムスンや東芝から調達した。日本ではＵＳＢメモリという呼称であるが、発明時の商品名は"DiskOnKey"であり、それがそのまま一般名詞となっている。ＵＳＢメモリ以前の記憶媒体は、フロッピーディスクとか光ディスクのように駆動装置を必要とする大きなものであったが、ＵＳＢメモリは可動部分もなく小型で大容量のため、一気に普及した。M-Systemsは、２００６年にサンディスク社に15億ドルで買収されている。

チェリートマト

日本ではプチトマトと呼ばれることの多い小さなトマトは、１９８０年代にヘブライ大学の農学部、ナホム・キーダー（Nachum Kedar）教授とハイム・ラビノビッチ（Chaim Rabinovitch）教授により開発された。保存期間を長くすることを狙いに、栽培されたトマトと野生の小さなトマトを掛け合わせる実験を続けたそうである。当時アメリカから安全性に関する懸念からの否定的意見が出たようだが、両教授は否定されると余計に反発心から開発に力を入れた、という、いかにもイスラエル人というエピソードが伝えられている。世界中で売られている結果、この特許で、ヘブライ大学には毎年数百万ドルもの収入がある。開発当初、テレビを見ながらつまむヘルシーなスナックとして販売し、オリジナルの名前は「テレビトマト」と言ったそうだ。その後、さくらんぼと似ていることから、今の呼称となっている。

インスタントメッセンジャーの元祖はＩＣＱ

ライン、フェイスブック、ワッツアップ、等でメッセンジャー機能を利用している人は多いと思うが、その草分けとなったのが、イスラエルのミラビリス（Mirabilis）社により１９９６年に開発されたＩＣＱである。開発したのは、アリク・ヴァルディ（Arik Vardi）とその３名の友人である。ＩＣＱという名前は、“I seek you”に由来する。ＡＯＬもほぼ同時期にＡＩＭ（ＡＯＬインスタントメッセンジャー）という独自のチャットプログラムを開発したが、利用者はＡＯＬユーザ同士だけであったのに対し、ＩＣＱはウインドウズユーザ間でチャットができる。発表から半年後に利用者は１００万人を超え、その半年後には５００万人、１９９９年末には5000万人を記録した。ICQは1998年にAOLに4億7000万ドルで買収され、当時の大型買収として話題になり、多くのイスラエル人が起業を目指すきっかけとなった。リアルタイムの情報交換やファイル転送機能を備えたICQは、全盛期には世界で1億人以上が利用したと言われる。現在の様々なメッセージングアプリが普及する基礎になったと言っても過言ではない。

フェイスブックの顔認証

フェイスブックを利用している人は、誰かがアップロードした写真に自分が写っている場合、タグ付けされていなくても通知されることを認識しているだろうか？　フェイスブックが顔認証の技術を持っているからであり、既にタグ付けされている写真のピクセルを分析し、顔の特徴を示すテンプレートという一連の数字が生成される。新たに写真がアップロードされると、その画像と既存のテンプレートを比較することで顔認識を行う（フェイスブックのブログ参照 https://newsroom.fb.com/news/2017/12/managing-your-identity-on-facebook-with-face-recognition-technology/）。

この技術はもともとイスラエルのFace.comで開発され、Face.comは2012年にフェイスブックに買収された。Face.comは写真を解析してフェイスブックやツイッターの友達を認識するＡＰＩ（インタフェイス仕様）を提供していた。つまり、マニュアルでタグ付けする代わりに、Face.comのＡＰＩが自動的にタグ付けの準備をし、ユーザはその結果が正しいかどうかの確認・判断だけすればよいようにした。買収の条件は明らかではないが１億ドルとも言われている。なお、この顔認証はプライバシー上の問題があるという議論もあり、カナダとＥＵでは提供されていない。

ＶｏＩＰ通信

ヴォイス・オーバー・ＩＰ（ＶｏＩＰ）という言葉はいまではあまり聞かなくなったが、音声通信（電話）が交換機を利用して回線接続を行う電話網で行われるのが当たり前だった１９９０年代に、パケット通信を行うコンピュータ・ネットワーク（ＩＰネットワーク）上で音声通信を行えるようにした技術である。従来の回線交換技術では１組の電話の通話で１回線を専有するが、パケット通信では、データをパケット（小包）に小分けして送るので、多数のユーザで１回線を効率的に利用することができる。そのために電話料金を安くすることが可能になった。現在、スカイプやラインで無料で電話できるようになったのも、もとを正せばこのＶｏＩＰ技術が開発されたからとも言える。

この技術を開発したのが、１９８９年に設立されたイスラエルのヴォーカルテック・コミュニケーションズ（VocalTec Communications）である。ヴォーカルテックは１９９５年に世界初のＶｏＩＰアプリをリリースした。日本でもインターネットの普及に伴い、各ＩＳＰが安価な電話として０５０番号で始まるインターネット電話サービスを提供したが、これがまさにＶｏＩＰである。今では、ＮＴＴやＫＤＤＩ等の通信会社のネットワークもほとんどＩＰ化され、通常の電話自体がＩＰ網上でサービスされているので、あえてＶｏＩＰという言葉で表現することはなくなった。ちなみに、２０２５年にはＮＴＴの電話網はすべてＩＰ化される予定。その意味では、ヴォーカルテックは現在の電話技術の基礎を作ったとも言える。

ファイアウォール

企業のネットワークを外部の通信網に接続する出入り口には、１００％ファイアウォールが設置されていると言ってよい。顧客のサーバーを預かるデータセンターでも同様であり、この出入り口に置かれたファイアウォールが、セキュリティポリシーに従い許可された通信のみを通過させ、怪しい通信を遮断するという制御を行うことで外部の攻撃から社内ネットワークやサーバーを守っている。外部からの攻撃防御だけではなく、内部から外部への望ましくない通信を制御する目的にも利用される。いわばサイバーセキュリティ対策の基本となる技術である。

このファイアウォールを発明したのが、1993年に設立されたイスラエルのチェック・ポイント・ソフトウエア・テクノロジーズ社（Check Point Software Technologies Ltd.）である。創業者であるギル・シュエッド（Gil Shwed）は有名な8200部隊の出身者であり、現在チェック・ポイント社の従業員は約5000人、73件の米国特許を保有するイスラエル最大の企業の一つである。

シスコのハイエンドルータCSR－1

2004年にシスコが発表した通信事業者向けのコアルータCSR－1はテラビットの処理速度を実現し、ギネスブックでも世界最速のルータと認定された。このルータを開発した中心人物が、現在はシスコのフェローであるミハエル・ラオール（Michael Laor）である。彼は、ベン＝グリオン大学を卒業し、カリフォルニアのシスコに就職した。そこで11年働いた後、彼はイスラエルに戻る決断をするが、シスコは優秀なエンジニアを失いたくなかったために、アメリカ国外に設けるはじめてのR＆Dセンターをイスラエルに開設することとし、ラオールにその仕事を任せた。このイスラエルのR＆Dセンターで高性能なチップとアーキテクチャを開発したのがラオールである。インターネットがメールやウエブサイトの世界から、画像やビデオの膨大なデータを扱うことができるようになったのも、このようなハイエンドのルータが誕生したからに他ならない。

カプセル内視鏡

カプセル錠の大きさの内視鏡で、バッテリーを内蔵し、ワイヤレス通信により患者の消化器官内部の撮影を行うことができる。2001年、イスラエルのメドトロニック社（Medtronic plc）が開発した。ピル・カムと呼ばれるカプセルは一度だけ使用され、検査が終わると体外に排出される（写真1-4）。既存の内視鏡のようにケーブルを飲み込むわけではないので、患者への負担が少ない。推定で世界100カ国で販売されており、既に300万個以上のカプセルが製造されている。日本の医療機関でも利用され始めている。

この他に、我々が日ごろよく使うグーグルで、検索キーワードを入力すると関連するキーワードを一覧表示するグーグル・サジェストもイスラエルで開発された。また、ソフトバンクも出資し、最近業績不振で話題になっているシェアオフィスのWeWorkは、ニューヨークで

写真1-4　カプセル内視鏡

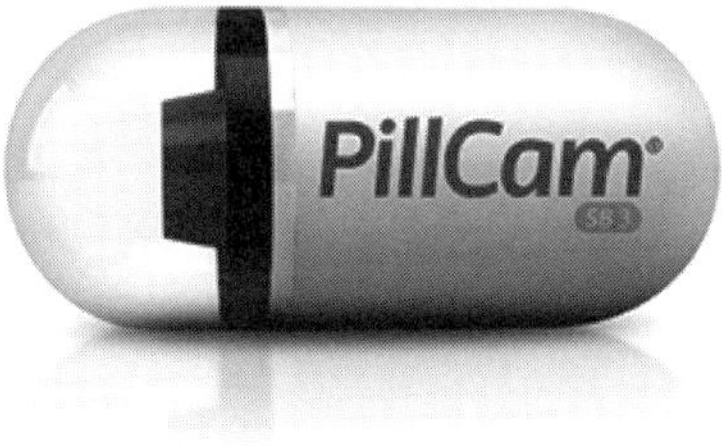

Medtronic社ホームページより

大成功したと伝えられるが、実はイスラエル発である。共同創業者のアダム・ノイマン（Adam Neumann）はイスラエル生まれで、集団で農業をする共同体のキブツで育った。ＷｅＷｏｒｋが単なるシェアオフィスではなく、そこをコミュニティとしているのが他のコワーキングスペースと異なる点で、アダム・ノイマンのキブツでの生活・体験が影響していると言われる。

これ以外にも、日本ではあまり知られていないが、世界ではドライブ向け地図・ナビゲーションはＷａｚｅ（https://www.waze.com/）というスマートフォンアプリがデファクト標準である。イスラエルで生まれたアプリで、２０１３年にグーグルが11億ドルで買収した。買収後も、Ｗａｚｅはそのままのブランド・アプリとして存在し、グーグルマップのナビゲーション機能とはユーザインタフェースも異なるため、単純にグーグルマップの中に入っているとは言えないが、買収した以上、グーグルマップをはじめとする各種サービスの機能拡張の中に影響を与えているはずである。Wazeは、ユーザに渋滞の少ない最適な移動経路を提案してくれる。この機能は、Wazeのユーザであるドライバーが、事故や渋滞の情報をリアルタイムで共有できることから実現されている。現時点では具体化はされていないが、グーグルマップにWazeのソーシャルなリアルタイムアラートが追加されれば、従来の地図には反映されていない、工事中の情報等が反映されることが可能になる。このようなリアルタイム情報は、今後自動運転をレベル5まで持ってゆくのに不可欠となるだろう。「プロローグ」で紹介したモービルアイのREMとの競争になるかもしれない。また、TEVA（Teva Pharmaceutical Industries）というイスラエルの製薬会社は、ジェネリック医薬品の製造で世界のトップである。日本では武田薬品工業との合弁で武田テバとして高山工場で製造を行っている。我々が体調を崩して通院し、薬局でジェネリックの薬を処方されるとき、武田テバの薬であることが多いはずだ。

ちょっと調べただけでもこれだけの事例が出てくる。しかも、IT分野だけではなく、農業や医薬品分野にも及んでおり、社会に幅広い影響を与えているものが多い。これらの発明の一部が生まれた1990年ではイスラエルの人口は466万人、2000年でも628万人にすぎない。628万人といえば、千葉県の人口とほぼ同じである、千葉県の規模からこれだけの革新的な技術成果が次々に生まれる、ということが想像できるだろうか。次章からは、その背景を探ってゆく。

第2章

生きるために制約を乗り越える：イノベーションを生む土壌

前章で、我々の身近に見つけることのできるイスラエル発の革新的な技術や商品を紹介したが、なぜ、中東のイスラエルで、世界で広く使われるようになったこのような技術が次々に生まれるのだろうか？　あれほど小さな国で、これだけのイノベーションを生む力はどのように生まれ、育まれたのだろうか？　資源に乏しい小国、１９４８年の建国時にはわずか60万人程度の国民しか存在しなかった国が、「中東のシリコンバレー」と言われるほど次々に魅力あるスタートアップを生み、世界から投資を集めて高い経済成長を遂げているのはなぜか、を理解し、我々が参考にできる点を見つけることは、「まえがき」に述べたように、日本のこれからを考える上で重要である。

私自身の13年間の経験で感じたのは、乱暴な表現かもしれないが、イスラエルの人々は、総じて利害（損得）に敏感であり、これと思ったことは簡単には諦めない執念深いところがある、かと考える。多少よそゆきの表現で言えば、情報感度が高く、意志の力が強い、ということだ。過酷な建国の歴史の詳細については次章で述べるが、紀元前18世紀頃にこの地に祖先が生まれたユダヤ人は、その後エジプトの奴隷となり、ローマ帝国に支配され神殿を破壊されて以降、世界中に移り住んだ長い離散の歴史と、近代の悲惨なホロコーストを経て、１９４８年にやっと自分の国家を持つ。この歴史を生き延び、その中で培われたと思われる強い「意志の力」が、すべての源になっているのではないかと感じる。この点について、いくつかのエピソードを含めて、次の三つの視点から解説したい。
・生き残るという命題
・国としての産業政策
・移民社会の持つ多様性

不毛の地で水を確保する

地理学的には、イスラエルの国土の60%は砂漠であり、中東の国でありながら石油や他の鉱物資源もない、ある種不毛の地である。1948年に国連決議を踏まえて独立宣言はしたものの、この地で現実に生きてゆくには、この何もない場所を工夫して開拓し、食料を確保するための農業を盛んにする以外の選択肢はなかった。建国初期に（それ以前からも）その役割を担ったのがキブツという集団農場とも呼ばれるコミュニティである。キブツは創設期の頃はクブツアと呼ばれた。ヘブライ語で「グループ」という意味である。主に東欧・ロシアで迫害され、この地に移住してきた人々がそのコミュニティの構成員であった。キブツは我々が小学校の社会科で勉強した旧ソ連のコルホーズに似ており、社会主義的理想郷を目指していた。私有財産は持たず、それぞれ役割（畑仕事、炊事、洗濯、など）を分担して働き、報酬はすべて平等、生活コストは無償、子供たちは親から離れて子供の家で共同生活し、その教育も相互に協力して行う、というような仕組みである。彼らは共同で生活しながら土地を耕し、テクノロジーを活用した農業生産活動に挑戦した。建国時点での生産活動の主な担い手であるキブツを支えるために、国がまず実施したことは水の自給体制の確立である。なぜなら、イスラエルでは4月から10月までの間は乾季でほとんど雨が降らない。一番降水量の多い雨季の12月、1月でも、月間１００ミリ程度の降水量でしかない。そんな気候条件の下で土地を耕し、農業を育ててゆくためには、水を確保することが不可欠だった。では、イスラエルはどのようにして水を確保したのだろうか?

イスラエル北部には水源となるガリラヤ湖があり、その周辺から入植地や農業が始まった。しかし、人口が集中していて水を多量に必要とする都市はテルアビブであり、更に、世界中に離散するユダヤ人を受け入れることで起こる人口増加を支えるためには、遊牧を営むベドウィン部族以外に誰も住んでいない南部のネゲブ砂漠を農業ができる土地にしたい、と当時の施政者は考えたのである。１９３０年代にポーランドから移住してきた水のエンジニアであるシムハ・ブラス（Simcha Blass）は、水の確保のために三段階の計画を立てた。第一段階では、ネゲブ砂漠の地下にある水源を捜す、第二段階では、テルアビブの北のヤルコン川からネゲブ砂漠に水を輸送する、第三段階では、北部の水を南部にまで送り届ける、というものであった。１９５５年には第二段階まで進み、その約10年後、１９６４年には第三段階まで到達した。いくら面積の小さな国とはいえ、２００キロを超える水輸送網の構築というのは、大変な大工事であったことは想像に難くない。この費用には、ドイツ政府による戦争の賠償金が充てられ、更にはアメリカにいるユダヤ人からの寄付もあったという。また、すべての水は国の管理下に置かれるという法律も制定された。この一環として、１９５５年には水道メータを経由しない限りいかなる配水も禁止する、という法案も制定された。これにより、世帯ごと、事業所ごとの水量の計測を行い、国民の水消費パターンに対するデータを政府が集積していったのである。まさに、現在のＩｏＴの発想そのものである。この輸送網ができることで、砂漠地帯でも農業ができる基盤が作られた（＊３）。

限られた水の有効利用：点滴灌漑

そして、更なるブレークスルーが、シムハ・ブラスが発見した点滴灌漑の原理である。限られた水を有効に利用するために、彼は、植物の根元にだけ必要最小限の水を吐出することのできる特殊な構造のチューブを発明した。そのヒントは彼が若いとき（１９３３年）に井戸の掘削のためにある村にいたときに得た。フェンス沿いに同じ種類の樹木が植えられているのだが、その中の１本だけが元気に成長している。植えられた時期も同じ、土壌も同じ、天候の条件も同じ、であるはずなのに、一体何がこの木にだけ起こっているのか？　周囲を調べたところ、その木の根元に灌漑用の金属パイプがあり、わずかに水が漏れていたのである。この時の記憶をもとに、１９５０年代後半からブラスは点滴灌漑のアイデアを具体化するための研究を始める。水の輸送網を実現しつつも、水の効率的な利用がシステムの維持に不可欠であることも実感していたからである。実証実験と失敗の繰り返しを経て、ネゲブ砂漠にあるキブツ・ハツェリムの協力により、１９６５年にこの技術を用いた生産施設が作られた。以降、この技術は次々に改善され、砂漠を緑化し、農産物の生産性を改善させた。

この技術のメリットは多面にわたる。

・まず、通常の人間やスプリンクラーで水やりをする方法に比べ、点滴灌漑であれば、とうもろこしの事例で35～55％の節水ができるという点である（ネタフィム社ホームページより）

・また、作物の収量や品質の点でも優れている。ラフィ・メフダー（Rafi Mehoudar）という開発者の一人によれば、水を過剰に供給すると作物の根が水浸しになって酸素不足になる。一方水が不足することも作物にとってはストレスであり、通常の水やりのプロセスはこの過剰と不足のストレスを作物の根に繰り返し与えていることになる。必要最小限の水を安定して吐出する点滴灌漑は、その作物にとってのストレスを軽減することができる

・水とともに作物に必要な養液を送ることができる。従来は土と肥料が栄養素の供給源であったが、点滴灌漑を使えば、土の役割は「作物の根の固定」だけになる。つまり、砂漠であっても作物を育てることができる

これらに加えて、現在では環境保護面の効用も指摘されている。農地に化学肥料が大量に利用された場合、この化学肥料が雨水とともに流れ出し、地下水、河川や湖沼に流れ込むことがある。この化学肥料に含まれるリンや窒素が栄養素となって、湖沼で藻類の発生を招く。天候にもよるが、藻類が過剰発生した場合には水中が酸欠状態になり、魚が死ぬなどの被害が発生する。このような環境インパクトを低減するためにも、化学肥料を農地に撒く必要がなく、必要最小限の養液を直接根元に送れる点滴灌漑は有効なのである。

宗教的、政治的に対立する国々に囲まれたイスラエルでは、水や食料の自給は安全保障の基本である。このような地政学的環境の中で、「生き残る」という彼らの強い意志が様々な知恵を生み、キブツの開拓者精神と相まって不毛な砂漠の地を、農耕作や酪農が可能な地へと変貌させていった。4月から10月までは乾季である、という条件は、実は水さえ都合できれば農業には適していることもわかった。日本では、水は豊かである一方、夏には台風が繰り返し訪れ

ることで、農作物への被害が発生する。特に2018年7月は西日本をはじめとして全国的に記録的な豪雨に見舞われたことは記憶に新しい。広域での浸水、土石流により家屋が倒壊するなど、死者も200人を超える大災害であった。当然、農業も大きな被害を被った。一方、イスラエルでは夏の間は安定した晴天が続く。台風や豪雨による災害がないため、水の供給さえできれば実は安定した天候の下で農作物を育てることができる。この地の気候は農業生産には適しているのだ。砂漠地帯の中東イスラエルの方が、四季のある日本より実は農業に適している、と理解できる日本人はどれだけいるだろうか？

海水から水を作る

水に関しては、イスラエルでは1960年代から海水の淡水化も試みられている。イスラエルの水源となる湖は北部のガリラヤ湖だけであり、かつてはガリラヤ湖の水位が毎日、新聞の一面で報じられ、国民はそのデータに一喜一憂したそうである。雨季の降水量が少なければ農業への影響は大きい。このような天候に依存するリスクを軽減するために、海水の淡水化技術もかなり早い時期に開発された。初期は、蒸気圧縮法と呼ばれる方法で、海水を加熱して蒸気を取り出す古典的な方法だが、その蒸発室にアルミ管を利用するなど、様々な効率化のための工夫がなされた。更に、逆浸透膜により海水を脱塩して真水を低コストで製造する方法も開発され、2005年には逆浸透膜法を採用した海水淡水化プラントが、アシュケロンという地中海沿岸の都市で操業を開始した。2007年にはパルマヒム、2009年にはハデラと他の都市にも同様のプラントが作られた。これらプラントは発電所のそばに作られ、電力利用の少ない夜間に集中して操業するなどの工夫をしてコストダウンを図ってきた。現在、国内水消費量の70~80%はこの海水を淡水化した水と言われる。この成果により、水は「作るもの」となり、天候に左右されるリスクは完全に回避することができるようになった。日本には一級河川、二級河川合わせて2万1147強の川が全国にありながら(国土交通省『河川データブック2019』)、冬季の山間部での降雪量が少ない年は、河川下流にある大都市でしばしば夏季に水不足が起こる。水不足を回避できるかどうか、は梅雨時期のダム地域での降水量に依存する。砂漠地帯であるがゆえにその克服のために水を作ってきたイスラエルと比較すると、日本は豊かな自然に恵まれているがゆえにお天気任せとなり、水害や水不足に見舞われる、というのは何とも皮肉なものである。

この農業、水の事例でもわかるように、様々な制約条件を知恵と技術で克服するのが彼らのやり方である。長い離散の歴史を経てやっと自らの国を持ったイスラエルは、この国を手放さず生き残るために安全保障の要となる水と食料の自給を知恵と工夫で実現した。まさに、「必要は発明の母」であるが、その「必要」の「深刻さ」を理解することが、彼らの力の源泉を理解することにもつながるのではないだろうか。

産業政策：BIRD

イスラエルにおける様々なイノベーションを実現したもう一つの要因は、イスラエル政府が導入した産業政策である。建国初期は、政府による大規模投資がまさにそれであった。これはどのような国でも共通だが、発展途上の国では、政府による大規模な公共事業／インフラ投資が経済発展を支える柱となる。前節で述べた、北のガリラヤ湖から南のネゲブ砂漠まで敷設された水の輸送管はまさに典型的な大規模投資であった。このような公共事業が、建設・土木産業を大きく成長させていった。また、キブツが次々に作られ、入植者のための住宅の開発も建設業界に寄与している。1955年から1960年までの5年間は毎年13％の経済成長を達成し、1960年代に入っても10％を維持した。

国による産業政策のモメンタムを受け、その後民間主導の経済成長へと転換することができればよかったのだが、残念ながら、繰り返される周辺国との戦争のために、労働力は経済活動の場から戦場へと移り、国の債務も増え、それを補填するための税率の引き上げ、というような状況が続く。1970年代半ばから1980年代半ばまでは「イスラエルの失われた10年」とも言われる。ただ、先の「水」の例でもわかるように、彼らは様々な「工夫」をした。農業のような自然を相手にする典型的一次産業にも、ハイテクを応用することで単に自然に頼るのではなく、自分たちの求める環境を作り出す、という挑戦を続けてきた。これらの工夫の中にはビジネスのタネがたくさんあった。ただ、当時、イスラエルにはそのアイデアに投資し、ビジネスに育てる支援をする投資家がいなかった。

1977年に、イスラエルとアメリカは共同で、BIRD（Binational Industrial Research and Development https://www.birdf.com/）という財団を設立した。両国政府は1億1000万ドルの資金を用意し、アメリカとイスラエルの企業が共同のプロジェクトを興す場合、それがアメリカの求める技術を開発するものであれば、研究開発費の最大50%を負担する。しかも返済義務は開発の成果により収益が発生した場合のみ生じると言われている。アメリカ人のエド・ムラヴスキー（Ed Mlavsky）がディレクターとなり、有望な融資先企業を探して回った。結果として、BIRDはテクノロジーを持ったイスラエル企業と、その製品をアメリカで販売できるアメリカ企業の仲介役となった。つまり、アメリカ市場のニーズに合わせてイスラエル側でソリューションを開発し、アメリカ市場へのアクセスを獲得できたのである。イスラエルのテクノロジー企業にとっては、ＢＩＲＤはアメリカのビジネスを学ぶきっかけにもなった。アメリカ企業側から見れば、研究開発投資の効率化が実現できたことになる。２０１８年現在、ＢＩＲＤ以外にも類似の二国間ファンドが他に３つある。ＣＩＩＲＤＦ（イスラエル―カナダ）、ＳＩＩＲＤ（イスラエル―シンガポール）、ＫＯＲＩＬ（イスラエル―韓国）である。日本でも２０１４年に国立研究開発法人 新エネルギー・産業技術総合開発機構（ＮＥＤＯ）が、イスラエル産業技術研究開発センター（ＭＡＴＩＭＯＰ）との間で、両国企業の共同研究開発支援に関する基本協定書（ＭＯＵ）を締結した。ＢＩＲＤのような成果が生まれるかどうか楽しみである。

２０１２年の段階でＢＩＲＤは７８０件のプロジェクトに2億５０００万ドル以上を拠出し、直接間接の売上高は80億ドルに達している。１９９２年の数字だが、ニューヨーク証券取引所に上場したイスラエル企業の60％、ナスダックに上場したイスラエル企業の75％がＢＩＲＤの支援を受けていたという。すべてのプロジェクトのデータは、ＢＩＲＤ財団のデータベース（http://projectsdb.birdf.com/）で確認することができる。また、ＢＩＲＤは他の効果も生んだ。ＩＢＭやインテル等のアメリカの多国籍企業では、多くのイスラエル人エンジニアが働いていた。彼らが実力をつけイスラエルに戻るときに、多国籍企業側はその優秀な能力を失うのを残念に思い、イスラエルにＲ＆Ｄセンターを開設し彼らがそこで社員として働けるようにしたのである。まさにＢＩＲＤの恩恵をアメリカのハイテク企業が享受し、イスラエルに世界中の多国籍企業のＲ＆Ｄセンターが集まるきっかけを作ったことになる（＊１）。ただ、このプログラムの恩恵を受けたイスラエル企業は全体から見ればまだまだ一部であった。イスラエルは、更に幅広くテクノロジー企業を育成するために、民間の投資家、ベンチャーキャピタルを育てる必要があった。

産業政策：ヨズマ

投資家、ベンチャーキャピタルの役割は、単にリスクマネーを供給するだけではない。一般に、スタートアップは、優れた技術やアイデアを持っているが、経営や販売の面で力のない場合が多い。投資家は彼らの実力を見極めるとともに、経営のアドバイスをしてくれたり、新規顧客や提携・買収の相手も紹介してくれる。シリコンバレーの成功を見れば、この投資家の重要性は明らかである。多くの投資家は自ら起業した経験があり、技術や資金調達のプロセスにも通じている。このような人々こそが、スタートアップを育てることができるのである。イスラエルには、有望な技術を開発することに長けた人々が多い一方で、このようなスタートアップの力になれる投資家が不足していた。そこでイスラエル政府が作ったのが「ヨズマ・プログラム」である。ヨズマとはヘブライ語で「イニシアチブ」という意味だ。投資家育成を目的として、1993年に国が1億ドルを用意し、10件のベンチャーキャピタルファンドを設けた。各ファンドは、イスラエルのベンチャーキャピタリスト、外国のベンチャーキャピタル、イスラエルの投資企業・銀行の三者により構成されねばならない。つまり、イスラエルのベンチャーキャピタリストを外国のベンチャーキャピタルを利用してトレーニングする狙いがあった。このプログラムでは、例えば、そのファンドのイスラエルのパートナーが、ある有望なイスラエル企業・事業へ6万ドル（60％）の出資を集めたとする。すると、政府が4万ドル（40％）をそのファンドに融資する。更に、政府出資分の4万ドル（40％）は、将来（5年後以降）このファンドのパートナーが安く買い取れるような制度にした（＊4）。すなわち、このファンドに投資したベンチャーキャピタル（特に外国のベンチャーキャピタル）にとっては、イスラエル政府が初期投資のリスクを負ってくれるだけではなく、投資の成果はすべて投資家に還元されるという大変大きなメリットがあった。このような有利な条件を得て、10のベンチャーキャピタルファンドが、海外の投資機関との連携のもとに立ち上げられた。参画した海外の投資会社には、Advent、CMS、Walden、Daimler-Benz、DEG、京セラなどがある。ちなみに、Adventはボストン、Waldenはシリコンバレーのベンチャーキャピタルである。設立した10のベンチャーキャピタルファンドのうち、八つがイスラエル政府出資分を買い取ったそうだ。この制度は大変大きな成功を収めた。投資先の企業としては、光学式の医療機器を開発していたESC Medical、高性能半導体を設計・製造するGalileoなどが挙げられる。この結果、海外（主にアメリカ）の資本と事業化のノウハウをイスラエルに取り込むことに成功した。投資が産業を成功に導き、新しい投資を生む、という好循環を生んだのである。今ではイスラエルのベンチャーキャピタルは４００社を超える（Start-Up Nation Central https://finder.startupnationcentral.org/investors/search)。

このような資金面での施策だけではなく、政府は戦略的にイノベーションを生むためのエコシステムも構築している。その典型的事例としてベエル・シェバに作られた、サイバー・スパーク（http://cyberspark.org.il/）を紹介したい。ベエル・シェバは、テルアビブから車で1時間ほどのイスラエル南部のネゲブ砂漠の中にある都市である。ここには、昔からサイバーセキュリティの分野で先進的な研究を続けるベングリオン大学がある。また、ＩＤＦ（イスラエル軍）のテクノロジー・キャンパスもあり、軍としてのサイバーセキュリティ関連の研究開発が行われている。ここに、国家サイバー局（NCB：National Cyber Bureau http://www.pmo.gov.il/English/PrimeMinisters Office/DivisionsAndAuthorities/cyber/Pages/default.aspx）は、サイバー・スパークという研究開発特区を作った。ここにイスラエル国内企業だけではなく、ＩＢＭのような多国籍企業も研究開発拠点を招聘《しょうへい》している。進出する企業には、税制含め政府からの様々な支援が得られるとのことだ。また、いわゆるＣＳＩＲＴと呼ばれる、セキュリティインシデントに対応する活動を行う組織（National Cyber Emergency Response Team）も置かれている。つまり、イスラエルはこのベエル・シェバに、サイバーセキュリティに関するあらゆる優秀な人材を世界中から集めて、サイバー・スパークをサイバーセキュリティに関するＲ＆Ｄとイノベーションのハブにする狙いなのである。アメリカでは、多くのイノベーションを生み出しているシリコンバレーが、スタンフォード大学を中心に自然発生的にでき上がった。投資家、スタートアップ、大学の教授・学生が、カフェでフランクにアイデアを議論し、その中から新しいイノベーションが生まれてきた。それと同じようなエコシステムを、イスラエル政府は戦略的に、ベエル・シェバに作り出した。日本では産学協同のプロジェクトはあるが、ここでは、産・官・学・軍が集まって、サイバーセキュリティ分野での最先端の情報交換や共同研究、ネットワーキングができる。実際に、筆者も２０１６年夏にサイバー・スパークを訪問し、いくつかの企業見学後にカフェで昼食を取っている間に、筆者が日本企業とのビジネスマッチングを行っているということで、多くのスタートアップに紹介された。イスラエルのスタートアップのエンジニア、グローバル企業のＲ＆Ｄ人材、ＩＤＦ（イスラエル軍）の研究開発者、等、多種多様な人材が集まってコミュニケーションができる環境が、新しいアイデアや発明を生み出す、その重要性をイスラエル政府は認識している。

移民社会の持つ多様性

イスラエルの人口はユダヤ人が75％、アラブ人その他が25％で構成されている。建国当初は60万人程度だったのが、今や900万人にまで成長した。70年間で約15倍！　という人口の増加を可能としたのは、長い歴史の中で世界中に離散したユダヤ人を、「帰還法」という法律を制定して戦略的に受け入れてきたからである。ユダヤ人への迫害の歴史は根深いものがあり、素人が論じるには重すぎるテーマだが、根は宗教にたどり着くことは恐らく間違いないだろう。

キリスト教もイスラム教ももとはユダヤ教から派生しており、「一神教」である。ただし、ユダヤ教では神と人間との間に介在者がいないのに対して、キリスト教は父なる神、子なる神イエス・キリスト、聖霊なる神という三位一体説を取る。キリスト教が、宣教師（神と人間との間の介在者）であったイエス・キリストを救世主として崇めるようになったときに、唯一神である神との矛盾を吸収するために取った考え方が三位一体である。ヨーロッパでは権力者と結びつくことにより、キリスト教が広まっていくが、キリスト教徒の立場からすると、唯一絶対の神を信じ救世主イエス・キリストを認めないユダヤ人は「救われない民」であり、かつてローマ政府にイエス・キリストを犯罪者として引き渡した者、「キリスト殺し」、と見なされ嫌悪された。そのため、社会不安が高まるたびに、原因はユダヤ人にある、として迫害の対象になってきた。民族主義の台頭の中で、差別の対象となったのである。また、権力者の命令よりも聖書の教え（律法）を頑なに守るユダヤ人は、時々の権力者にとって「言うことを聞かない不都合な存在」でもあった。このような背景から、職業も制限されたり、住む場所も制限される社会の最下層の存在となる。そのような差別や迫害から逃れるために、ユダヤ人は世界各地に離散した。建国宣言の2年後に制定された帰還法は、これら世界各地に分散しているユダヤ人は、イスラエルに移住し、イスラエル国籍を持つ権利がある、と定めた。

東欧・ロシアにもかつて多くのユダヤ人が住んでいたが、19世紀後半以降、ヨーロッパのキリスト教社会でユダヤ人への差別・迫害を伴う反ユダヤ主義が起こり、ロシアでもユダヤ人への集団虐殺や略奪行為が頻発した。このときに、東欧やロシアのユダヤ人の間に「シオニズム」が生まれる。シオニズムとは「ユダヤ人はシオンの地（エルサレム地方）に帰還し、自らの国家を建設しよう」という思想である。すなわち、自分たちの国を持てば、反ユダヤ主義からの差別・迫害から逃れることができる、という考え方であり、民族主義・ナショナリズムのうねりの中で、ユダヤ人もユダヤ民族国家を持つべきだというユダヤ人のナショナリズムである。

各地でバラバラに進められていた運動を一つの政治運動として統合したのが新聞記者だったテオドール・ヘルツル（Theodor Herzl）である。シオニズムの運動は大きなうねりとなって、1882年に東欧・ロシアから約3万5000人が移住し、イスラエルの基礎を作った。ロシア革命後のソ連に残ったユダヤ人は、職業や進学の面で様々な差別を受けたが、その中で身を守るためにエンジニアや科学者、医師、など、社会で必要とされる特殊な技能を身につけ、ソ連の中枢を支える人材となっていた。1989年に冷戦が終結するとユダヤ人に出国が認められ、90年、91年の2年間で33万人のユダヤ人がソ連からイスラエルに移住した。さらに、93年のオスロ合意により、毎年5〜6万のユダヤ人が移民となった。1948年のイスラエル建国から2010年の間、総移民数309万人のうち、旧ソ連からの移民は123万人と言われる（＊16）。これらの人々の多くが博士号所有者であり、旧ソ連の頭脳であった。このような頭脳が移民となって集まってきたことは、ハイテク国家イスラエルの研究開発力の基盤になっている。

離散したユダヤ人は、ロシアや東欧だけではなく、フランス、アルゼンチン、ブラジルなど、世界各地にわたっている。帰還法により、続々と世界各地からユダヤ人が移民として戻ってくるときに、同時に言語や文化、習慣、も持ってきた。それゆえに、75％がユダヤ人の国でありながら、社会的・文化的多様性が存在することになる。無論、プラスの側面だけではない。言語・文化の異なる出身地グループごとのまとまりができ、グループ間の緊張も生まれる。このような負の側面を克服するために、イスラエル政府は多大な努力を続けている。移民（帰ってきた人々という意味で、帰還民とも呼ばれる）は、イスラエルの地を踏んだ瞬間にイスラエル国民となり、身分証明書、パスポート、選挙権が与えられ、イスラエル生まれのイスラエル国民が持つ権利との差はない。加えて、税金上の優遇措置があり、半年間は無料でウルパンと呼ばれる学校でヘブライ語を集中的に学ぶ機会を与えられる。世界中から集まる言語の異なる人々がヘブライ語という共通言語を短期間で習得することで、イデオロギー的にも「つながり」を育てているとも言える。そのような努力にもかかわらず、例えばエチオピアからの帰還民は、ヘブライ語の習得の難しさだけではなく、価値観や習慣の違いなどから社会の中の摩擦・差別問題にも直面しているそうだ（＊17）。プラスの側面にせよ、マイナスの側面にせよ、イスラエル社会は移民の多様性を受け入れざるを得なかった。公用語としてヘブライ語を学びながら一体感を養い、現実問題は英語という共通言語でコミュニケーションを取り、かつ身についた移住前からの世界各地の言葉も使って生活する、このような多言語の状況は、良い意味でも悪い意味でも均質な日本社会とは全く異なると考えてよいであろう。多様な人材の存在は、それだけ様々な変革を興す可能性につながることは広く認められた事実である。同じ価値観で黙っていてもわかりあう、ということはあり得ないため、ともかく話し合うこと・コミュニケーションを取ることが重要となる。その結果、異なる視点の発想のぶつかりが新しいアイデアを生み、多様な価値観を取りまとめてゆくためのリーダーシップを醸成する。移民社会であるイスラエルには、好むと好まざるとにかかわらず、イノベーションを生みやすい基盤があったと言える。

第3章

人を育ててきた歴史と
イスラエルが取った戦略

前章では、主に建国以降、様々な制約をどのようにイスラエルの人々が乗り越えてきたか、を解説した。イスラエルには人以外の資源がない。何の天然資源にも恵まれない厳しい環境の中で生き延びてゆくには、多くの制約条件を乗り越えるための工夫ができる人材を育て、農業・水に始まる多くの分野で産業を育ててゆくという国としての強い政策があった。一方で、この「人を育てる」という文化は、紀元前からの長い歴史を踏まえた必然でもある。イスラエルを理解するには、その建国に至る長い歴史も理解する必要があるので、少し歴史を遡ってみることにする。

建国の歴史と中東戦争

イスラエル、パレスチナの地は、第一次世界大戦の後に国際連盟の委任を受けイギリスの委任統治の下にあった。第二次世界大戦後の１９４７年11月、国連総会はイギリス統治地域をユダヤ人の国家（領土の約55％）とアラブ人の国家（領土の約45％）に分割し、エルサレムは国連の管理下に置く分割案を決議した（国連総会決議１８１号）。賛成33、反対13、棄権10であった。賛成したのはアメリカだけではなく、ソ連、フランス、ブラジル等、反対したのはアラブ国家、イギリスは棄権している。この決議に基づき、ユダヤ人は１９４８年5月14日にイスラエルの独立宣言を行った。一方、アラブ諸国及びパレスチナのアラブ人は、イスラエルの建国に国際法上のお墨付きを与えるこの案を拒絶するとともに、翌日15日、エジプト、ヨルダン（当時はトランスヨルダン）、シリア、レバノン、イラクの5カ国がイスラエルの独立阻止を目指してこの地へ侵攻、第一次中東戦争（独立戦争）が始まった。戦争は途中二度の休戦をはさんで１９４９年3月まで続く。1月からエジプト、レバノン、ヨルダン、シリアとイスラエルとの間で二国間の休戦交渉が行われ、半年間にわたる協定締結が完了してみると、イスラエルは国連総会決議１８１号の決定を大きく上回る約80％の地域を占領し、残り20％のヨルダン川西岸地区はヨルダンの支配下に、ガザ地区はエジプト領となった。この結果、パレスチナという名前が地図から消え、そこに住んでいたアラブ系住民がヨルダン川西岸地区、ガザ地区、周辺のアラブ国家へ移住する。これがパレスチナ難民である。また、エルサレムは、旧市街をヨルダンが、新市街をイスラエルが占領することとなる。

１９５６年7月、エジプトがスエズ運河国有化を宣言、それを阻止するために、10月にイスラエル、イギリス、フランスがエジプトに侵攻した。これが第二次中東戦争である。アメリカとソ連の即時停戦要求により、11月にはイギリス、フランスは戦闘から手を引く。更にアメリカの圧力により、１９５７年3月にはイスラエルもシナイ半島から撤退する。この戦争の結果、中東の主導権はイギリス、フランスから、アメリカ、ソ連に移った。

　1967年5月、エジプトのナセル大統領はイスラエル艦船に対するチラン海峡封鎖宣言、6月にイスラエルはエジプトを奇襲して第三次中東戦争（六日間戦争）が勃発する。この戦争もわずか6日間でイスラエルの圧倒的勝利に終わり、イスラエルは東エルサレム、ゴラン高原、シナイ半島等を占領する。

　1973年10月6日にエジプトとシリアが第三次中東戦争で占領された領土の奪回を目的にイスラエルを奇襲する。この日はユダヤ教で断食をするヨム・キプール（贖罪の日）にあたるため、ヨム・キプール戦争とも言われる第四次中東戦争である。過去3回の勝利でアラブ側の戦争能力を軽視していたイスラエルは、祭日で防衛線が手薄だったこともあり、かなりの劣勢を強いられたと言われる。最終的にイスラエル側が逆転勝利を収めるが、一次から三次まで負け続けたアラブ側がかなり有利な戦いをしたという実績を残し、1979年にエジプトはイスラエルとの平和条約を締結、シナイ半島は返還されることになる。エジプトとの和平により、周辺国との紛争脅威は低下したが、イラクの大量破壊兵器問題やパレスチナ自治区における住民の抗議運動（インティファーダ）など新たな問題が生まれる。アメリカの仲介によるパレスチナとの和平交渉が繰り返し行われるが、問題解決には程遠く、イスラエル側が「テロ」と呼び、パレスチナ側が「解放闘争」と呼ぶ紛争が続く状況であることは、ここで繰り返すまでもない。

ユダヤ人の歴史

歴史をずっと遡る。紀元前18世紀頃にはこの地に住んでいたユダヤ人の祖先となる人々は、紀元前60年頃からローマ帝国に支配され、西暦70年には、ユダヤ人の本拠地であるエルサレムはローマ軍により陥落させられる。そして女性や子供を含む967名のユダヤ人が有名なマサダ（写真3−1）の要塞に立て籠もる。マサダはエルサレムから50〜60キロ東南の死海の沿岸にあり、現在は世界遺産となっている。高さが400メートル、頂上の広さは南北600メートル、東西300メートルのひし形をした台地であり、周辺はほぼ垂直に切り立った崖になっている自然の要塞である。この967名はここに2年間立て籠もってローマ軍への抵抗を続けたが、最後に2人の女性と5人の子供を残して全員が自決することになる。

その約60年後に、ユダヤ人は第二次ユダヤ戦争と言われる反乱を起こすが、紀元135年に再びローマ帝国に鎮圧され、その結果、人々は本格的にディアスポラ（離散）の歴史を歩むことになる。参考までに、ローマ帝国の後、この地はイスラム教国家に支配され、更に、1099年に十字軍がエルサレムを占領することで、キリスト教国であるエルサレム王国が誕生した。しかし、エルサレム王国は1291年にマムルーク朝と呼ばれるイスラム王朝により滅亡させせ

写真3-1　マサダ

撮影者　Itamar Grinberg
Credit attribution requested for the photographer
and for the Israel Ministry of Tourism.

られた。その後、１５１７年以降はこの地方はオスマン帝国の支配となり、第一次世界大戦後のイギリスの委任統治へと続く。

ローマ帝国に鎮圧されて以降２０００年という長い期間、ユダヤ人は自らの拠って立つ「国家・領土」を持たないまま世界中に離散した。スペイン・ポルトガル・イタリア・トルコ・北アフリカ等の地域に定住したユダヤ人をスファラディ系、ドイツ・東欧・ロシアへ定住したユダヤ人をアシュケナジ系、主にアジアのイスラム圏に居住したユダヤ人をミズラヒ系と呼ぶ（＊37）。このように異なる文化圏に分散しながらも、ユダヤ人が一つの民族として生き残ることができたのはなぜだろうか？　それはユダヤ教という宗教、特にトーラーという聖書の律法（教え）を学び守ること、そしてその教えを次世代に伝えてゆくこと、をユダヤ人が大切と理解し、忠実に実行したことにあると考えられる。ユダヤ人がローマ帝国に鎮圧される前はエルサレムに神殿もあり、他の宗教同様神殿での僧侶による祭祀も行われていた。しかし、その神殿も破壊されディアスポラの状態に置かれてからは、ユダヤ人は教会のような特定の場を持つこともできず、流浪の生活の中で個々人が資産を蓄えることもできなくなった。ユダヤ教はラビと呼ばれる指導者のもとに戒律を実践し、聖書を研究する宗教へと姿を変えてゆく。これは単に場所だけの問題ではない。立派な神殿や僧侶は、ある意味信仰が中央集権のもとにあることを示しているが、僧侶ではない研究者・指導者のもとに学び研究する宗教は、非中央集権化した信仰であると言える。時の支配者に迫害を受け、突然家を追われることもあるような生活では、子孫に引き継げる財産は「知識・知恵」でしかなく、「学習をすること」がユダヤ人の生活の中に根付いていった。ユダヤ教では、戒律を守り実践することが、すなわち神の意志を具現化することであり、神との契約を守ること＝神を信じることとされる。どのような国、支配者のもとで社会の底辺で生きながらも、ユダヤ人はこのトーラーの教えを守るということを頑なに維持し、それが分散した人々の間の心のつながりとなって、いわばバーチャルな国家の役割をしていたとも言える。他方、この「頑なさ」がそれぞれの時の支配者にとっては目障りでもあった。ユダヤ人は支配者の命令に従うよりも、トーラーの教えに従う方を優先させるからである。すなわち、2000年の間世界中に離散しながらも生き延びてきた力そのものが、一方で彼らが迫害を受ける要因になったとも言える。

イスラム圏に移住したミズラヒ系ユダヤ人は、比較的平和にムスリムの人々と共生していたと言われる。一方キリスト教社会となったヨーロッパでは11世紀末の十字軍派遣を機に異教徒であるユダヤ人への迫害が強まった。ユダヤ教徒は「キリスト殺し」とされていたからである。賤民《せんみん》として職業の制限も受け、キリスト教徒には禁止されていた金融業に従事するようになるのもこの頃である。洋の東西を問わず、社会が階層化したときに、最下層の更に下のグループを作ることで最下層の人々の不満の目を逸らす、というのは常套手段である。イタリアでは、ユダヤ教徒を集団隔離する「ゲットー」と呼ばれる居住区に強制的に住まわされた。スペインも1492年にキリスト教による国土統一がなされ、ユダヤ教徒の追放令が発せられた。スペインにいたスファラディ系ユダヤ人は、オランダやオスマン帝国等の地中海周辺国へと移住する。

このような状況を大きく変えたのがフランス革命である。自由と平等を謳《うた》ったフランスでは、宗教上の差別はなくなり、ユダヤ教徒もキリスト教徒と同じ市民権を得られるようになる。ナポレオンの大陸征服とともに、この解放の動きはロシアを除くヨーロッパのほとんどの地域で見られるようになった。その一方で、19世紀は民族主義の時代となった。イタリア人、フランス人、ドイツ人というように、どの国家・民族に属するか、ということが大きく意識されるようになる。そして、19世紀末に、ヨーロッパ／キリスト教社会で「反セム主義」と呼ばれる新たなユダヤ人差別が始まる。旧約聖書は、セム語族の古典ヘブライ語で書かれているということでユダヤ人は「セム語族」に属するとされた。それまでのユダヤ人への迫害は、あくまで宗教のアイデンティティに根ざすものであったが、言語の分類による「人種」と見なされるようになる。仮にユダヤ教徒がキリスト教徒に改宗したとしても、ユダヤ人はユダヤ人という人種である、という見方をされるようになった。つまり、19世紀末からの「反ユダヤ主義」は、宗教に根ざす差別・迫害ではなく、まさに「人種差別」となっていった。ある日突然家を焼き払われたり、家族が殺害されたりすることが当たり前のように起こる中で、ユダヤ人は身一つで逃げ出さねばならないことも多く、一番の財産は自分のアタマであるという考えが根付いていった。短絡的な議論をすることは危険であるが、このような「人種差別」が、結果としてホロコーストにつながっていったとは言えるであろう。第2章で述べたシオニズムは、この「反ユダヤ主義」への対抗策と言える。ユダヤ人が自らの国家を持たずに他所の国で生活している以上、差別・迫害は避けられない、従って、自らのための国家を建設し、安全を確保しなくてはならない、という考え方である。

幸いにしてこれほどの人種差別を経験していない日本人にとっては、その過酷さを真に理解できるかどうか定かではないが、このような差別・迫害の歴史を考えると、1948年の建国はユダヤ人にとって悲願の成就であり、特別な意味があったことは想像に難くない。2000年の時を経て、特に19世紀末からの人種差別と言える反ユダヤ主義を乗り越えて、自分たちの国を再建することができたわけで、（安全保障の面から）この国を二度と手放してはいけない、という思いを持つことはごく自然な流れであろう。とはいえ、建国時にはわずか60万人程度の国民しかいなかった国が存続すること自体容易ではない。彼らにあったのは、この「自らの国を守る」という強い意志だけであった。余談ではあるが、パレスチナ問題に関連して多くの識者が「国連決議に反し東エルサレムの占拠を続けたり、ヨルダン川西岸地域への入植をやめないイスラエル」を非難する。憲法で戦争を放棄し、外交手段としての武力を持たない日本では国連信仰がとりわけ強い傾向にあるので、このような意見が多く見られる。しかし、国際的に見ると、（本音のところでは）国連が機能するというナイーブな考え方を持たない国、はイスラエルに限らない。自らに降りかかる問題は、他人に頼るのではなく自ら解決の努力をするのがむしろ普通であることを日本人も理解する必要があろう。この「（二度と同じような悲劇は味わいたくないという）強い意志」がある意味ではイノベーションを生む基盤になっていると言える。すなわち、対立する国々に囲まれた小国が生き延びてゆくためには、あらゆる意味で強くなくてはならない、という信念である。そのために取った主要な戦略は、（1）世界中に離散しているユダヤ人の帰国を促し、国民の数を増やす、（２）経済成長を実現し、国力をつける、の二つである。

移民政策

中国の例を思い出すまでもなく、国の大きさはそれだけで力である。１９４８年の建国時の約60万人というイスラエルの人口は、現在の東京都足立区の規模よりも小さい。仮に潤沢な国家予算があったとしても、国としての成長に向けてできることは限られていたはずである。独立宣言翌日から戦争に立ち向かわねばならなかった国としては、兵力を維持するという目的のためだけにも、一定の規模を追求することは不可避であった。この人口増加を実現したのが、前章でも触れた「帰還法」である。建国から2年後の１９５０年に「世界中のユダヤ人はアリヤーする権利がある」と定めた帰還法が制定された。アリヤーとは「上ること」を意味し、世界中に離散したユダヤ人がイスラエルへ戻ってくる、というニュアンスがある。イスラエル中央統計局のデータによれば、１９４８年から２０１０年の間に、約３０７万人の移民を受け入れた。そのうち32％、１００万人が旧ソ連からである。続いて、国別ではルーマニアの27万人、アメリカの11・8万人と続く。２０１０年末の人口が７６９万人であるので、うち40％は移民であることがわかる（参考までに２０１８年10月の時点で人口は８９４万人）。いくら人口増を志向したとはいえ、この増加スピードはすさまじい。毎年数万人の移民を受け入れるためには、必要となる住居を手当てし、水や電気、学校等のインフラも整備を行わなくてはならない。また、これだけの人々にヘブライ語の教育をし、仕事の斡旋《あっせん》も行うことが必要である。イスラエル政府にとっては大変な負担であったはずだ。それでもなお、これを実行したのは、取りも直さず、「人だけが資源」と考えたからである。

　実際、１９８９年の冷戦終結以降、旧ソ連邦諸国からの移民には医師や大学教授、エンジニアが多く含まれていた。共産党支配下では宗教の自由はなく、教育や就職等様々な面でユダヤ人は差別された。そのような状況で反ユダヤの傾向から身を守るには、エンジニアや医師など、社会で必要とされる特殊な技能を身につけるしかなかったと言われる。このような社会の頭脳とも言える人々が１９９０年代、大挙してイスラエルに押し寄せてきた。まさに「資源」である人が、量だけではなく「高学歴」という質も備えてきたのである。とはいえ、短期間での大量の旧ソ連移民をイスラエルの社会に適応させるのは容易ではなかった。博士号所有者であろうが、それにふさわしい仕事が当時たくさんあるわけでもなく、単純な仕事を既存のイスラエル人と取り合うような問題も生まれたという。また、彼らは共産主義で育てられてきた人々であり、民主主義と自由経済の中で自分の力で生きることに慣れてもらわねばならないという課題もあった。そのために、起業の制度を活用したと言われる。もとより能力のある人々であり、また、移民というのは迫害から逃れてきた避難者であると同時に、慣れ親しんだ生活環境から飛び出してきた挑戦者でもある。いわば、失うもののないリスクテイカーであるとも言え、高い能力を活かしてリスクのあるビジネスにチャレンジすることには向いていたようだ。結果として起業により大きな富を手にする成功者も生まれ、新たな雇用も生まれるようになった。

一方ではエチオピアからの帰還民のように、イスラエル社会への同化が難しく、移民政策には多くの社会問題を生んでいるという側面もある。肌の色の違いや、それまで高等教育を受ける機会がなかったこと、都市生活の経験不足、などの生活習慣や価値観の違いで差別も生んだ。しかし、人口を増やすという目的においては、移民政策は大変な成功を収めていると言ってよい。移民による人口増のおかげで国内の市場も拡大し、住宅建設やインフラの整備による内需も拡大した。更に、旧ソ連からの優秀な人材の流入が、その後のハイテク産業を発展させる基盤となり、国力の基礎となる「量」だけではなく、技術開発力という「質」の面でも大きく貢献した。国連の人口統計、人口推移予測では、イスラエルの人口は２１００年に１５００万人へ達すると考えられている（https://population.un.org/wpp/Graphs/DemographicProfiles/）。

経済成長の実現

人口増とともにイスラエルが目指したのが経済力の強化であるが、イスラエルの経済が健全化したのは１９８０年代半ば以降である。建国以来しばらくは周辺アラブ諸国との軍事的衝突により国防費が国家財政を圧迫していたが、生き延びるという基本命題の前には、国の安全保障への多額の支出は必須であった。既述の通り、国土の60％は砂漠地帯であり、かつ石油等の鉱物資源には恵まれず水資源も乏しいという困難な条件を背負っている国である。更に、特段の産業基盤が無い中で移民政策を取ったために、大量に押し寄せた移民を受け入れるための食料やその他消費財もすべて輸入に頼るしかなかった。このような悪条件を乗り切れた一つの要因は、アメリカ及び在外ユダヤ人からの支援があったことが大きい。米国ユダヤ人コミュニティをはじめとする各国のユダヤ人からの寄付、アメリカ政府からの軍事・経済援助、に加えて、ホロコーストに伴うドイツからの補償・賠償金が、巨額の国防費や累積債務に喘ぎつつも、財政難を乗り越えることができた理由であると言える。１９５２年のルクセンブルク補償協定により、西ドイツはイスラエルに対し、30億マルクを物資で支払うことに合意している。鉄鋼製品や機械を購入し、こうした物資で鉄道や道路、電気通信網などのインフラ整備が行われた。

イギリスから石油を購入し、ドイツがその代金を支払ったこともあったようだ。１９８０年代後半には、国有企業の民営化や規制緩和など、様々な構造改革の施策が実行され、国家主導型の経済運営から市場経済型への転換が実現された。『ＡＲＣレポート 経済・貿易・産業報告書２０１７／18 イスラエル』によれば、１９９０年代前半には中東和平が進展し、大量のロシアからの移民のための住宅建設に支えられて内需も拡大し、ＩＴ産業も発展してきたことにより、年平均６％の経済成長を遂げている。１９９６年以降は中東和平プロセスが停滞し、２００１年のアメリカの同時多発テロの影響、等で成長は鈍化、２００１年は０・１％成長、２００２年はマイナス０・２％、２００３年は１・１％成長と経済は低迷した。しかし、２００４年にはイラクへの復興支援が始まったことによって国際情勢が安定し、輸出や海外からの投資、観光も活発化するなど、５・１％の成長を回復した。２００８年のリーマンショックで世界の多くの国々がマイナス成長に転落した中で、プラス成長を維持したことも特筆すべき点である。

イスラエルの経済を支えた産業を振り返ると、まずダイヤモンド産業である。ベルギーから移住してきたユダヤ人がダイヤモンドの研磨技術を持ち込んだことで建国以来の伝統産業となり、現在でも基幹産業の一つとなっている。１９６０年代には、キブツでの農業を支えるための除草剤や殺虫剤等の化学産業が生まれた。１９８０年代には電子産業が年率12％の伸びを示し、製造業を牽引した。２０１５年の産業分野別輸出を見ると、ダイヤモンド産業が23・６％のシェアで最大、電子産業が21・５％、化学産業が12・４％、医薬品産業が10・６％、機械・金属産業が８・６％と続いている。電子産業はダイヤモンドに次ぐ第2位の輸出実績を有し、安全保障面の国家ニーズに応えることから発展してきたという特徴を持つ。軍事技術を民需用に転換することで発展してきており、イスラエル電子工業会によればその内訳は、ソフトウエア23・７％、通信機器22・９％、産業用設備17・８％、軍事システム13・４％、部品・コンポーネント13・４％、医療機器８・８％となる。売上高で最大の企業はインテルである。イスラエル最大の企業は、世界最大のジェネリック医薬品製造会社であるＴＥＶＡで、社員数約４・2万人、１０００種類に及ぶ商品を世界60カ国で販売している。

このように、経済成長を支えたのが、優秀な人材が貢献したハイテク産業であり、製造業と言っても大量生産をするというより、研究開発型の企業が多い。

安全保障の論点に戻ると、イスラエルの国防費は２０１５年で１６１億ドル、対ＧＮＰ比５・４％を占める。日本は１％未満というガイドラインを守り、世界平均も約１・95％であることから考えると、対ＧＮＰ比５・４％というのはかなり大きな数字であると言える。但し、絶対金額で見れば、日本は４０９億ドルとなり、イスラエルの２・５倍であることを考えると、小さな国にとっての「量」の問題は依然大きい。

主要装備は、戦車3330輌、装甲戦闘車6466輌、戦闘機420機、潜水艦3隻、等がある。兵力は、正規軍17・65万人、予備役44・5万人である。彼らの抱える地政学的リスクから出てきている数字と考えられるが、これだけの軍事力を維持するための税金も高いことを理解する必要がある。個人の所得税や法人税はあまり日本と変わらないが、付加価値税（VAT）の税率は17％であり、自動車にはなんと75％（小型車の場合。高級車では150〜200％）の物品購入税が課せられる。物価は高く、街なかのレストランで最も安いハンバーガーを食べても、日本円換算で1500円ほどになる。イスラエルの友人によれば、マツダ6（アテンザ）のセダンを購入するためには8万ドル程度支払わねばならない。国民の中央年齢（上の世代と下の世代の人口が同じになる年齢）を比較すると、日本の45・9歳に対してイスラエルは30・1歳であり、日本のように社会保障制度維持のために多額の国家予算を必要とするわけではなく、やはり自国の安全保障のために国民は税金を通じて相応のコストを負担していることになる。世界のどの国でも税金に不満のない国民は皆無であろうが、徴兵制度も含めてこれらのコスト負担は、自らが生き延びるという切実な動機に裏打ちされた国家の安全保障が他人事ではないからこその結果ではないだろうか。

前述の通り、現在のイスラエルの経済を牽引するのはITとライフサイエンスに代表されるハイテク産業である。2017年の統計では、イスラエルの国民一人あたりの名目GDPは、

402万7297ドルで世界22位、日本の384万4857ドル（世界25位）よりも優れていることを私達は理解せねばならない。ロシア系移民を中心とした頭脳が、軍事力、政治力、経済力というような覇権国の持つ「量の力」に対抗できる「質の力＝技術開発力」を生み出したと言える。この質の力がイノベーションを次々に興すことで、世界におけるイスラエルのポジションが明確になってきたと言って間違いないだろう。典型的な事例を2016年のカリフォルニア州で起きた銃乱射事件に見ることができる。FBIは犯人のiPhone5cのロック解除をするために、アップルに協力を求めたが、アップルは個人情報保護を理由にこれを拒否した。このときに、司法省に協力してロック解除を実現したのがイスラエルのセレブライト（Cellebrite）社と言われている。すなわち、イスラエルの企業の協力なしにはテロ等の犯罪捜査が難しい状況になってきたのである。また、イスラエルは海水の淡水化技術や廃水の処理技術により、天候に左右されない水資源を獲得した。今後の世界の人口増加や地球温暖化の影響で、世界が水危機に直面する可能性は極めて高い。このような潜在危機へのソリューションも、既にイスラエルは提示している。政治的な対立、宗教的な対立とは独立して、世界がイスラエルのハイテク力を活用せねばならない、という局面が今後ますます増えてくるだろう。軍事力、政治力、経済力というような覇権国の持つ力ではなく、世界に必要とされるソリューションを様々な分野で提供できる力を持った国、というポジションを具体化したのではないだろうか。

第4章

超エリートを育てる
タルピオット・プログラム

多くの迫害を受けながら、モノではなく知恵としてその資産を蓄積してきた紀元前からの長い歴史や、様々な制約を乗り越えて国の基盤を作ってきた建国後の歴史を踏まえて、ここから「技術エリート」につながる本題に入りたい。

ユダヤ人は頭が良い、とはよく言われることである。ノーベル財団のホームページ（https://www.nobelprize.org/nobel_prizes/lists/all/）によれば、１９０１年から２０１９年の間にノーベル賞は９５０の個人と団体に授与された。ウィキペディアによれば、その少なくとも20％はユダヤ人であり、物理学、化学、医学・生理学、文学、平和、経済学の6ジャンルすべてを受賞している。世界人口の０・２％以下に過ぎないユダヤ人が、ノーベル賞受賞者の20％以上を占めているのである。テルアビブから南に10キロほどのところにイスラエルで4番目の都市リション・レジオン（Rishon LeTsiyon）がある。旅行者に人気の観光名所があるわけではない普通の住宅地だが、そのほぼ中央あたり、整然と区画が整備された住宅地の中に、全長５００～６００メートル、片側2車線のゆったりした道路ヘンリー・キッシンジャー通り（Henry Kissinger St.）があり、その道路に沿って「ノーベル賞受賞者大通り（The Nobel Prize Laureates Boulevard）」（写真4-1）と名付けられた遊歩道がある。この遊歩道沿いに、「すべてのユダヤ人ノーベル賞受賞者」の名前が刻まれた記念碑が設けられている。

すべての碑には、受賞者の氏名、どのような功績で何年に何賞を受賞したか、がヘブライ語

写真4-1　ノーベル賞受賞者大通り

筆者撮影

と英語で書かれている。また、Jewish American Economist、Jewish French Biologist、German Born Jewish American Biochemist、のように、例えば国籍はアメリカ人だがユダヤ人である、ことを明記している。これを見ると、確かにユダヤ人という人々は遺伝的に優れた頭脳を持っているのではないかと納得してしまう。しかし、ディアスポラ（離散）の歴史で見たように世界中に散らばり、それぞれの土地に根付いてそれぞれの国籍で1000年以上も生活しているわけで、優れた頭脳につながるユダヤ人・民族の独特の遺伝子がありそれが維持されてきたとは考えられない。むしろ、信仰＝学習であることからわかるように、彼らを取り巻く環境が生み出した生活文化や習慣にこそ、その秘密があると考えられる。この点については後の章で改めて述べる。

その他著名なユダヤ人としては、ノーベル賞と重なる部分もあるが、学者としては、アインシュタイン以外にも、『資本論』のマルクス（Karl Heinrich Marx）、経済学者のフリードマン（Milton Friedman）、コンピュータを作ったフォン・ノイマン（John von Neumann）、物理学者のハインリッヒ・ヘルツ（Heinrich Rudolf Hertz）、精神分析のフロイト（Sigmund Freud）、心理学者のアドラー（Alfred Adler）、経営学のドラッカー（Peter Ferdinand Drucker）、物理学のファインマン（Richard Phillips Feynman）、らがユダヤ人である。ビジネスや芸術の分野でも成功しているユダヤ人は多い。銀行家から大財閥となったロスチャイルド家（Rothschild）、ドイツの銀行家で宰相ビスマルクの顧問でもあったブライヒレーダー（Gerson von Bleichröder）、芸術では作曲家のグスタフ・マーラー（Gustav Mahler）をはじめとして、映画監督のスピルバーグ（Steven Spielberg）、スタンリー・キューブリック（Stanley Kubrick）、オリバー・ストーン（Oliver Stone）、俳優ではハリソン・フォード（Harrison Ford）、スティーブン・セガール（Steven Frederick Seagal）、ナタリー・ポートマン（Natalie Portman）、らがユダヤ人である。画家ではシャガール（Marc Chagall）、モジリアニ（Amedeo Clemente Modigliani）が有名。近年の有名な経営者の中でも、マイケル・デル（Michael Saul Dell）、アンドリュー・グローブ（Andrew Stephen Grove）、マーク・ザッカーバーグ（Mark Elliot Zuckerberg）、ラリー・ペイジ（Lawrence Edward "Larry" Page）、セルゲイ・ブリン（Sergey Mikhailovich Brin）、スティーブ・バルマー（Steven Anthony Ballmer）らがユダヤ人である。ともかく、成功し、多大な業績を残したユダヤ人は探せばいくらでも出てくる。このような偉大な人々を生んだ秘密について、最も一般的な説は、ユダヤ人はタルムードという聖書の解釈をまとめた書物により知的なトレーニングを行ってきたからであるという。このタルムードについても後の章で述べることにする。

では、現在のイスラエルの教育システムはどうなっているのだろうか？　一つ独特なのは、民族・宗教の多様性に対応するために、異なる形式の学校があることのようだ。大別すると四分類される。公立学校：ユダヤ人子女の多くが通う学校、公立宗教学校：ユダヤ教の教典、伝統、慣習に重きを置く学校、アラブ・ドルーズ学校：イスラエル・アラブ人、ドルーズ族の子女が通い、アラビア語、アラブ・ドルーズの伝統、慣習に重きを置く学校、独立学校：正統派ユダヤ教団体が提携するユダヤ教宗教学校の四種類である（＊９）。しかし、ユダヤ人の頭の良さ、ないしはイスラエルがスタートアップ・ネーションと言われる背景、を探るには、大半の子供が学ぶ公立学校を見ればよいであろう。学校の制度を調べてみると、日本の６・３・３制と特別の差はない。初等教育は1学年から6学年の6年間（6歳から12歳）、中等教育は７学年から9学年の3年間（12歳から15歳）、高等教育は10学年から12学年の3年間（15歳から18歳）である。違うとすれば、イスラエルでは幼稚園も１年間義務教育であり、高校までが義務教育期間となる。この間、公立学校であれば学費は無償である。ただし、教材費等の費用は家庭が負担する。給食はなく、研修生は家から簡単なサンドイッチや果物を持っていって、10時の休み時間に食べる。学校の授業が終わるのが午後2時頃なので、昼食は家に帰ってから取るようだ。クラブ活動は、学校教育の一環としては行われず、場所は学校であるにしても、主催は地域の役所とか公共団体である。参加する場合は料金を払い、指導者やコーチに来てもらう。人気の習い事はサッカー、柔道、空手、水泳、バレエ、ピアノ、英語で、一つの月謝が１５０から２５０シェケルだそうだ。このように、授業の時間も2時頃までで、課外活動も学校の主催ではない、ということで、学校教員の負担は非常に少ないという特徴もあるようだ。また、義務教育の間は、公立学校では、初等教育から中等教育へ、中等教育から高等教育への移行時に日本の入学試験に相当するような試験はない。通学する学校は地域で決められる。ただし、アートやサイエンスを学びたい学生には専門の学校があり、試験に合格する必要がある。

授業のカリキュラムは日本のように学習指導要領で全国一律というわけではなく、基本は教育省のプログラムであるものの、幅広い選択範囲の中から教師がカリキュラム自体や教材を選択できるシステムとなっている。よく、イスラエルでは小学校3年生からプログラミング教育がある、というようなことが言われるが、それも学校・教師に依るわけで全国一律ではない。この点も、多様性のある社会であるがゆえの特徴かもしれない。選択制カリキュラムであるがゆえに、教師の選択により国家予算でまかなえない部分が出た場合は父母が負担するそうだ。従って、経済的に余裕のある家庭が多い地域の学校ほど、教育水準も高い傾向があるという。一方、父母の方も授業の内容や進め方に懸念があれば、教師に改善を申し入れる。例えば、サイエンスの授業で、実験やフィールドワークがあれば子供たちの興味も湧き、学ぶことが楽しくなるかもしれないが、座学ばかりだと子供たちは退屈し、その科目を学ぶこと自体が苦痛になってくる。こういった子供の様子や変化を親たちは見逃さず、教師に対してしっかりと要望を伝えるという。

テルアビブ大学人文学部東アジア学科で講師をされている山森みか氏によれば、イスラエルの学校では、民族の歴史や伝統の継承に力を入れている。宗教教育に重点を置かない公立学校でもトーラー（聖書の律法）の授業があり、子供にはトーラーの授与式があるそうだ。ホロコーストの記念日には、迫害を体験した人が学校に来て話をする。独立記念日前には子供たちはIDF（イスラエル軍）の兵士のための慰問箱を準備する。兵士に宛てた手紙を書いたり、絵を描くそうだ。また、数学や歴史、生物、語学などの通常の科目に加えて、家族のルーツを調べ、レポートを書くことがカリキュラムの中でも大きな比重を占めているという。日常生活においても、金曜日の夕方から土曜日の夕方までは仕事をしない安息日であり、どこまで宗教的に敬虔かどうかによって多少の違いはあれ、安息日にはともかく家族が集まって夕食を共にする。この「家族」とは、夫婦と子供というだけではなく、夫や妻の両親が近くに住んでいれば（実際あまり遠くない場所に暮らすことが多いようだが）、そこに集まることが多い。イスラエル人の友人に聞いたところ、仮に妻か夫に兄弟姉妹がいれば、祭日などはそれぞれの家族も集まって大人数での夕食を取ることもある。ことほど左様に家族という単位や関係が重視されるのだが、そのような実際の（毎週の）時間の共有に加えて、学校のカリキュラムとして家族の歴史を学ぶことからも、家族という単位に重きを置き、その維持・存続に努力することへの強い意志が見られる。もちろん、不幸な迫害の歴史が背景としてあるが、単に血がつながっているから家族、というだけではない意志的なつながりを子供たちに教えようとしているようだ。このような点も含めて、多くのイスラエル人が「家庭教育」の重要性を指摘する。

よく知られているように、イスラエルでは男女ともに兵役がある。18歳から男子は3年間、女子は2年間である。男子だけだが同じように兵役のある韓国の友人に聞くと、「あれは人生の無駄な時間だった」と表現した。韓国では、芸能人の兵役逃れも話題になったりする。一方でイスラエルの人々はそれほど兵役に対して否定的ではない。むしろ肯定的であり、2019年の総選挙を戦った、政党連合「青と白」の代表ベニー・ガンツ（Benny Gantz）氏は、軍の参謀総長であったということで国民から尊敬されている。この違いはどこから来るのだろうか？どちらの国でも子供の頃から自国の歴史を学び愛国心を養う授業がある。そのため、国民一人ひとりが自分の国を大切に思い、守ることの重要性を意識する、という意味ではさほど違いがあるとは思わない。ところが、一方はそのための兵役経験を否定的に捉え、他方は肯定的に捉える。恐らくは、愛国心を養う教育が使命感にまで昇華するかどうか、の差が一つある。イスラエルの教育では、この使命感を養うことを大切にする。2000年以上のディアスポラの歴史を経て、やっと白分の国を持ったイスラエル人にとっての「国を守る使命感」は、平和な日本人には想像できない重さがあるのであろう。

更に言えば、イスラエルでの兵役は、人材育成の教育期間の意味もある。こちらの意義と実際の効果が国民に認められているのではないだろうか。単に軍隊という暴力装置（マックス・

ウェーバー）を構成するマンパワーとして、過酷な状況に耐えるための肉体的・精神的に厳しい訓練をするだけでは、参加者にとって兵役の記憶はネガティブになるに違いない。イスラエルでは、そのような訓練だけではなく、その中で一人ひとりの能力（チームワーク、コミュニケーション力、判断力、等）を育てる要素も含まれている。実際、兵役期間中に得た友人や人脈が、その後の仕事も含めて人生の資産になっていると言うイスラエル人は大変多い。後の章で詳述するが、特に優秀な若者にはエリート教育を施し、技術エリートとして育成する。彼らの力が国の活力となるイノベーションの根源にもなっている。体の弱い人、障害のある人、など兵役が困難な人々には、兵役の代わりに学校や病院でのボランティアなどの社会福祉活動が課せられるとのことだ。

この兵役を終えた後、大半の若者が１年間の世界旅行をし、そのギャップ・イヤーの後に大学に進学する。１年間の旅先はアジアや南アメリカが多いという。離散の歴史ゆえに、世界中どこに行ってもユダヤ人のコミュニティがあるため、移動手段を探したり、宿泊先を探したり、訪問すべきところはどこかという情報を得たり、必要な情報を得る大きな助けになるようだ。その期間、彼らは世界を見ながら、３年間の兵役経験を〝放電（Discharge）〟する。従って、男子の例で言えば、大学に入学するのが22歳くらいの年齢となる。兵役期間中、色々鍛えられる中で自分の将来を見つめ、更にギャップ・イヤーの間に世界を自分自身の目で見てから、大学で何を学ぶかを明確にして進学することが多いようで、モラトリアムの多い日本の大学生と比べてより成熟した大人であると言って間違いはない。この点も日本とは異なる点の一つと言える。

大学はすべて公立で9校ある。それ以外にも、政府により学位を与える認可を受けている単科大学が20校以上あるそうだ。評価の高い大学としてはエルサレム・ヘブライ大学（Hebrew University of Jerusarem、創設1918年）、テルアビブ大学（Tel Aviv University、1956年に発足）、テクニオン-イスラエル工科大学（Technion Israel Institute of Technology、創立1924年）がある。イギリスの新聞『TIMES』が毎年秋に発表している大学ランキング調査、THE（Times Higher Education World University Rankings https://www.timeshighereducation.com/）によれば、2018年の調査結果で、エルサレム・ヘブライ大学201-250位、テルアビブ大学201-250位、テクニオン-イスラエル工科大学301-350位となっている。これに対し、日本の大学では、東京大学46位、京都大学74位、大阪大学、東北大学が201-250位にランクされている。大学に関する日本との相違としては、学ぶ学部により、3年の場合と4年の場合があることだ。エンジニアリングのような学科は4年だが、前記の山森氏の人文学は3年らしい。また、進級も非常に厳しく、落第は結構多いようだ。但し、進級できないことがそれほど恥ずかしいこととは受け止められない。学生に対して進級・卒業が厳しいと同様に、教師にとっても毎年授業を持てるかどうか、厳しい評価があるようだ。研修生側が、教師の指導内容等について年度末に細かく成績をつけ、その評価が悪い教師は翌年は採用されなくなる。アメリカも同様の評価システムがあり、私自身がビジネススクールで学んだときに、毎学期末に体験した。日本人ゆえか、私自身は教師の評価にさほどひどい点をつけたことはないが、クラスメートの評価は総じて厳しく、評価の悪い教師の授業は次の学期にはなくなったことを記憶している。残念ながら、日本の大学にはこのような制度は一般的ではない。このような相互の緊張感は教育の質を維持し、高めるのには効果的であろう。またイスラエルの大学は、学費もそれほど高くはない。友人によれば年間1万2000シェケル（40万円程度）とのことで、日本の国立大学授業料が50万から60万円であろうから、2割方安いことになる。

このように、教師にカリキュラム選定の自由があること、研修生による教師の評価を行う、などの特徴があるようだが、「学校制度」という意味では一見日本の制度と大きな違いがあるようには見えない。但し、タルムードという書物で養われるユダヤ人の考える習慣、兵役期間中の人材育成、などは、学校教育と合わせてイスラエル人の広い意味での教育に大きな影響を与えている。そして、最も特徴があるのが、次節以降で述べる家庭教育、と、タルピオット・プログラムというエリート教育である。

ジューイッシュ・マザーとは?

まず、特徴あるイスラエルの家庭教育を紹介する。英語にジューイッシュ・マザー(Jewish Mother)という言葉があり、いわゆる「教育ママ」の表現として使われる。言葉の通りユダヤ人の母親は教育熱心であることで有名である。日本の母親も「教育ママ」であると海外では思われているが、ユダヤ人の子育ての中味を知ると、日本とは少々異なっていることがわかる。

我々日本人の親が子供の教育について考える一般的(最大公約数的?)なポイントは、

・学業については学校中心だが、進学の目標あるいは授業内容の理解度に応じて、授業の補完や、より進んだ学習のために子供に家庭教師や塾での学習機会を与える
・家庭の役割は主に躾《しつけ》と、健康管理
・子供の興味に応じて、課外活動として運動のクラブに入れたり、ピアノや書道等の習い事をさせる
・学力をつけて、より良い学校へ進学することが、子供の将来の選択の幅を拡げることにつながると考える

というようなところではないだろうか。人により多少の差はあれ、現実問題として(場合に

よっては中学）、高校、大学の入学試験が一つのマイルストーンになり、その試験をパスするための「学力」をつける、ことが具体的教育になっている、と言っても大きく間違ってはいないだろう。

では、ユダヤ人の教育とはどんなものだろうか？　アンドリュー・J・サター（Andrew J. Sutter）とユキコ・サター（Yukiko Sutter）というご夫妻による『ユダヤ式「天才」教育のレシピ』（＊20）という本から要点を引用し、更にイスラエル人の友人で3人の子供の母親である、オリット（Orit Bahar Shindler）にインタビューしたので、その結果も併せて紹介したい。アンドリュー・J・サター氏はニューヨーク生まれのユダヤ系アメリカ人で弁護士であり、日本人の中村起子（ユキコ）氏と結婚した。そのため、日本人との比較、日本人としての視点も含まれており、ご夫妻の本は大変わかりやすく示唆に富む。両氏によれば、基本は「子供を信じ、子供の能力を引き出す」ことを考え、そのためにどうすればよいかを考えているのがジューイッシュ・マザーということになる。自身もジューイッシュ・マザーであるハリウッド女優、ナタリー・ポートマンが、2015年5月にハーバード大学の卒業式で行ったスピーチがYouTubeにアップされている。4歳の息子と遊園地に行ったときのエピソードだが、的当てゲームに集中している息子を見て、将来はメジャーリーグ選手になるに違いないと思った、という典型的なジューイッシュ・マザーの気持ちを紹介している。卒業式のスピーチで笑いを取るエピソードでもあるが、子供の力を信じ、遊園地のゲームの中でも達成感を味わうことを期待する、など、まさにジューイッシュ・マザーの具体例としてとてもわかりやすい。日本語の字幕もついたYouTube（https://www.youtube.com/watch?v=jVxtiAJT65U）があるので見てほしい（このスピーチの主眼は、挑戦することの重要性、であり、それもイスラエル人の特徴であるが）。「子供を信じ、子供の能力を引き出したい」と思うところは、日本人の母親でも、他の国・民族の母親でもさほど変わるところはないと考えるが、その目標に向けて「具体的に心がけること」がどうやら我々日本人とかなり異なっている。サター夫妻の本によれば、次のようになる。

①本を与える

まずは、ともかく本を与え「本好き」の子供に育てるようだ。好奇心を育てること、そして何かわからないことがあれば本で調べてみる、という習慣を養うという。数学だろうが、物理、コンピュータ・サイエンスだろうが、まず国語力がないと学ぶことができないし、他人とのコミュニケーションも思うようにならない。従って、その基礎である国語力を養うことに重きを置いており、その力は読書を通して養われると彼らは考えている。本を読むこと＝楽しいことと思えるように環境を作ることを心がける。子供を読書好きにするのに最も効果的なのは、親自身が本を読んでいるところを子供に見せることだという。確かに、本を読まない両親の子供は、本好きにはなりにくいだろう。親自身が楽しく本を読む様子を見て、子供も本を読むことが楽しいことであると理解し、本好きの子供になってゆく、とサター氏はいう。そして、その本棚の中には必ず百科事典や地図が含まれることもポイントのようだ。

但し、私自身の経験からすると、本を与えるのは必要条件ではあろうが、本好きに育つための十分条件とはならなかった。我が家にも相当数本があり、親が読書する姿は常に見せていたが、残念ながら息子たちは必ずしも本好きにはならなかった。私の本を読む姿が「楽しい」とは見えなかった／見せることができなかったのかもしれない。また、わからないことを調べるのを、本よりもネットに頼ってしまったのも事実である。

②子供の自主性を尊重し、何かを押し付けることはしない

勉強にせよ、仕事にせよ、自分が好きなことをすれば頑張れるし、後悔がない。従って、ユダヤ人は親が勉強しろと言ったり、進路を押し付けたりすることはしないようだ。子供を信じて見守り、彼らが進みたい方向に道を敷く手伝いをする、そしてもし障害があればそれを取り除くこと、が親の役割である。この点は、実体験としても納得できる。私の息子たちは音楽が好きで、様々な楽器を独学し、指揮や編曲も自ら学んでいた。

③様々な体験をさせる

子供が感動し、自分の力で考えるような場所にできるだけ連れてゆく。博物館や展覧会で色々なものを見る、スキーやハイキングで自然を体験する、音楽会やお祭り等で何かを感じ取る、ことができるよう、できるだけ多くの機会を与える。この時に、与えるものはできるだけ上質な本物であることを心がけるように示唆している。子供が何に興味を示すか、何が彼らにとって重要なものになるか、は誰もわからないので、できるだけ多くの機会を作り選択肢を与えることが大切であるようだ。また、注意すべき点としては、遊園地のような場所はあまり望ましいとは考えていないことであろう。すなわち、楽しみ方も含めて「用意されたもの」であり、子供たちが工夫するのではなく、受動的に楽しんでしまうものである、と指摘している。自然の中に連れ出したり、優れた絵や音楽に触れさせたり、何か自分自身でつかみとることのできる体験、を重視している。

④子供の意見を聞き、褒める

子供にとって、自分の意見を尊重してもらえた、という事実は、とても大きな影響を与えるという。自分の意見を聞いてもらえるということは、自分の価値を認めてもらっているということで子供の自信につながり、また子供が聞かれたことに答えるためには、自分で考え、それを自分の言葉で表す必要があり、物事を理解するよい訓練となる。また、その意見の内容にかかわらず、仮に間違っていたとしても、まず「よく思いついたね」と褒めることで、子供は自信を深めてゆく。その後、親は一緒に答えを探してゆく努力をするという。どんな話題でも親と子がよく議論を戦わせるというのが、ユダヤ人の家庭の特徴のようだ。日本の親はすぐに答えを与えたり、「こうしなさい」とか「これをしては駄目だ」とか指図しがちであり、この、子供の意見を聞き、子供を褒める、という点は、おそらく日本の親とユダヤ人の親の最も違う点かもしれない。

⑤言葉と態度で「信じている」ことを示す

自分の子供を世界一だと信じているのがジューイッシュ・マザーの大きな特徴のようだ。他の子供と自分の子供を比較したりしないので、自分の信頼が揺らぐことも裏切られることもないという。親に信頼されている、とわかることで、子供も自信を持つようになる。子供が学校で問題を起こしたようなケースでも、教師が正しくて子供が間違っている、という先入観は持たずに子供の意見をしっかり聞く、ようである。

⑥子供が間違いを起こした場合は論理的に説明して罰を与える

子供を信じるということは、盲信でもなく、放任でもない。子供が過ちを犯した場合は、何が正しく、何が間違っているかをきちんと説明し、罰を与える。その上で、親は子供を愛していることを伝える。

⑦時期が来たら親離れさせる

子供が自立する場合には問題ないが、そうでない場合は背中を押すのも親の義務である。

この七つが、アンドリュー・J・サター氏とユキコ・サター氏が示したユダヤ式の家庭教育である。自分自身の経験を振り返ると、子供の自主性を尊重し、何かを押し付けたりしない、という点はそれなりにできていたと自負するが、時には、なかなか黙って見守ることもできず、つい「こうしたら」と口を出すことも確かにあった。子供の意見を聞き、褒めるということ、「信じている」ことを言葉と態度で示すこと、はあまりできなかったように思う。できるだけ多様な体験をさせるという点についても、動物園や博物館のような何かを感じられる場所というよりも、サター氏によれば、受け身で楽しみを得られる遊園地のような場所を選択していたことが多い。親にとって楽なものを選択した、という認識は確かにある。また、この家庭教育のヒントの中には学力だとか成績という指標が一切なく、それは後からついてくるものであると割り切っているのも、ユダヤ式の特徴かもしれない。

これらの学びを踏まえて、実際に、仕事上の付き合いがある、ユダヤ人の母親であるオリットの意見を聞いてみた。彼女は、テクニオン・イスラエル工科大学の化学工学科（Chemical Engineering Department）を卒業し、MBAも取得した後、医薬品会社で6年間主任エンジニアとして活躍、更に専門を活かして半導体の企業で工場の立ち上げ責任者として9年間働いた。現在は、3人の子供を育てることを優先し、時間の自由度を得るために資格を取得して、フリーのツアーガイドとして活躍している。当然、若いときには兵役にも従事している。以下、彼女から得た経験談と考えをまとめる。

■子供の教育に関するポリシーは？

オリット：子供たちへの教育としては、彼らが学校での活動に加えて、自然に接すること、イスラエルの歴史や世界の歴史を学ぶこと、そして、ソーシャルスキルを身につけること、を心がけた。また、勉強だけではなく、スポーツやアートでも秀でるように子供たちを励ました。何かチャレンジする目標を自分自身でデザインすることの重要性、そしてその結果だけではなく、そこに向けたプロセスも楽しむことの重要性も常に強調している。

■具体的に家庭でやっていることの例は？

オリット：週末にはよく家族で一緒にボードゲームを楽しんでいる。このゲームを通して、戦略的な考え方、常識に囚われない（out-of-the-box）考え方、コミュニケーションのスキル、達成感、などを養うよう心がけている。

■自分自身は親から影響を受けたか？

オリット：両親からとても多くの影響を受けた。両親は自分が子供の頃、世界遺産や文化的に楽しめる様々な場所へ連れて行ってくれたし、本をたくさん読むようにいつも励ましてくれた。また、語学を学んだり、水泳を練習したりするアフタヌーン・スクールにも入れてくれた。日常生活の中でも、両親は常に私や姉弟にクイズを出して質問をしたり、ゲームをしたりして、記憶力やコミュニケーションスキルを養えるように心がけていた。これらの経験は、間違いなく、私自身のマネジメントスタイルやリーダーシップに影響している。状況に応じて、自身が主導権を持つペースセッターだったり、メンターとなったり、他の人に権限を譲ったり、このような判断力とリーダーシップは、両親からの影響を受けた経験の中から養われた。不確実性の中からでもリスクを計算しながら新しいチャレンジをしたり、アクティブリスニングを通して他者との信頼を築いたりする力も養われた。

■安息日の習慣は子供の教育に影響を与えているか？

オリット：大きな影響を与えていると思う。金曜日の夜には家族全員が集まって、お祈りをし、歌を歌い、色々なことを話しながら数時間のディナーを楽しむ。そして翌日の土曜日は家族で旅行にでかけ、子供たちに植物のことや、歴史や様々なことを教えることが多い。

彼女はオンラインだけではなく、オフラインの取材にも応じてくれて、ここに書ききれないほど熱心に話をしてくれたのだが、基本はサター氏の本に書かれていたことと大きく変わるところはない。自分自身の日本人の親としての子供の教育に対する経験と比較すると、彼らイスラエルの人々は、

・子供の教育を学校や塾に任せるのではなく、自身が大きく関わっている。むしろ、子供の教育は国や学校ではなく家庭が行うこと、と考えている。
・家族の時間、会話をする時間を多く取り、その中で、本を読んだりボードゲームをしたり、また、自然の中や博物館で本物を見せることを通して、教えたいことを「自然に」「具体的に」子供たちに示している。
・親が子供に「何かしろ」と強制することはしない。やりたいことや目標は自分で見つけさせる。とりわけ、本を読むこと、学ぶことは楽しいことであることを理解させる。

ことがわかる。

イスラエルでは安息日という習慣があることも大きいとは思うが、彼らは週に一度必ず家族で食事をしながら語り合う時間がある。このときにはテレビやスマートフォンは入り込まない。日本人の親は、子供が小さいときはともかく、小学校、中学校の年齢になっても、毎週毎週、子供と向き合い話し合い、一緒にゲームをしたりする時間を意識して作ることはなかなかできていない。日本でも、かつては祖父母が同居していたり、近くに住んでいたりしたため、彼らは子供の時間・興味にじっくりと付き合ってくれたように思うが、両親は日々の仕事・生活に忙しく、子供と向き合う時間をなかなか取れなかったのではないかと考える。親自身の仕事の都合を優先せざるを得ず、向き合えないときには子供にはおもちゃを与え、テレビやゲームで時間を過ごさせているのではないだろうか？　家族の時間を持つ大切さは、日本人がイスラエル人から学べる点の一つであろう。子供たちが自分で何か発見ができ、何か感じ取れるような場所へ積極的に連れ出すのも、それなりの努力が必要となるが、それ以前に、子供をこのように育てる、というポリシーをしっかりと持っているのがイスラエルの親の特徴であるといえる。勉強しなさい、とか、良い学校へ行きなさい、というように親が具体的な指示をする日本人と異なり、機会は与えるが、その後はじっと子供を見守るイスラエルの親は、なんと我慢強いことであろうか。このような家庭での経験を通してソーシャルスキル、や、質問をする力、を養うことが、その後の高等教育での専門分野の習得にもそれなりの影響をもたらすのは間違いないだろう。

技術エリートを育てるタルピオット・プログラム

建国の歴史に触れた第3章でも述べたが、1948年の建国当時のイスラエルの人口は60万人程度でしかなく、中東地域にありながらその国土には石油・天然ガスなどの鉱物資源は全くなかった。しかも、南半分は砂漠地帯である。地政学的にも、対立する（イスラエルという国の存在自体を認めない）国々に周囲を囲まれている。そんな状況で、初代の首相、ダヴィッド・ベン＝グリオン（David Ben-Gurion）は、国を維持・発展させるために、

〝We need our best young people, those of high virtue and moral, and of the highest intellectual abilities, to dedicate their time, skills, and lives for the prosperity of our country.（私たちは、私たちの国の繁栄のために自らの時間と力と人生を捧げてくれる、高い倫理観と知力を持った優れた若者たちを必要とする）〟

と言ったという。唯一の資源が「人」であり、できる限り人に投資することが必要だ、という思想のもと、1979年に技術エリートを育成するための「タルピオット・プログラム」が開発された。このプログラムを考案したのは、ヘブライ大学のフェリックス・ドータン（Felix Dothan）教授とシャウル・ヤツィブ（Shaul Yatziv）教授で、1973年の第四次中東戦争（ヨム・キプール戦争）の初戦でイスラエルが大敗したことがきっかけになったという。第3章「建国の歴史と中東戦争」でも述べたが、1948年の第一次中東戦争（独立戦争）、1956年の第二次中東戦争、1967年の第三次中東戦争（六日間戦争）では、イスラエルはアラブ諸国に対して軍事的勝利を収めていた。特に第三次中東戦争では、僅か6日間の戦闘で圧倒的勝利を収め、東エルサレムやシリア領だったゴラン高原やエジプト領シナイ半島も占領する。この圧倒的勝利により、イスラエルは大きな自信を得ていた。その結果、ある種の慢心があったとも言われる。実際、第四次中東戦争が始まる前に、諜報部隊はシリアとエジプトが攻撃してくる兆候は把握していた。例えば、戦争の始まった10月6日の数日前には、ソ連の外交官が家族をエジプトから国外に移動させていたし、エジプトとシリアの双方で、軍隊の広範囲な移動もあった。しかし、時のイスラエル政府は「演習のため」と判断し、結果として諜報活動は役に立つことができなかった。シナイ半島からテルアビブに続く道を守っていた戦車は、その時わずかに12台しかなかった。第四次中東戦争が始まったその日に、エジプトとシリアの攻撃により、空軍は49機を失ったそうだ。陸軍も最初の24時間で戦車200台を失ったという。この手痛い初戦大敗はイスラエル人にとって予想外の結果であり、大きな挫折となっている。3週間後の停戦合意までに、2656人のイスラエル兵が殺害され、約9000人が負傷した、というこの経験はイスラエルにとってトラウマとなった（因みに、第二次中東戦争は、チラン海峡をエジプトが封鎖したことがきっかけであるが、スエズ運河の利権確保を画策したイギリス、フランスが、大義名分のために利害が一致するイスラエルを利用したとも言える）。第四次中東戦争がヨム・キプール戦争と言われるのは、10月6日が贖罪の日（ヘブライ語でヨム・キプール）で多くのユダヤ人が断食をする祭日であり、そこにエジプトとシリアが南北で同時に奇襲をかけてきたからである。

この手痛い大敗の経験から、両教授は、狭い国土と少ない人口という「量」の劣勢を補うためには、優れたテクノロジーという「質」の優位性を持つ必要がある、との問題認識を得た。すなわち、IDFのための新しい軍事技術を開発することができる、創造性豊かな若い技術エリートを育てる必要があると考えたのである。ジェイソン・ゲワーツ（Jason Gewirtz）氏の著書、『ISRAEL's EDGE：The Story of the IDF's Most Elite Unit－Talpiot』（＊14）によれば、両教授は3年間IDFの多くの高官に会い提案を続けたが、当初はことごとく否定されたという。当時は18歳で兵役につく若者のうち優秀な人材は空軍に行くのが常識であった。戦闘機の操作は複雑であり、大きな輸送機やヘリコプターで飛ぶためには、機械の操作だけではなく、気象や航空力学の理解など、肉体も頭脳も優秀な人材が必要であったからである。イスラエルの少年にとっての空軍は、アメリカの少年にとっての大リーグのような存在であったという。従って、ＩＤＦから見れば、両教授の提案では、従来であれば空軍に来てくれたこれらの優秀な人材が両教授の考えるプログラムに取られてしまい、空軍が手に入れられない可能性を示すものであるからだ。中長期的に人を育てることの意義は理解したとしても、ＩＤＦの現実はそれだけの余裕がある状況ではなかった。もう一つとても興味深いのは、イスラエルの中で、ＩＤＦは「平等な場所」という認識があり、それがタルピオット・プログラム反対の一つの理由でもあった、というエピソードである。イスラエルでは、頭が良かろうが、悪かろうが、金持ちの家庭に生まれようが、貧乏だろうが、18歳になれば兵役につく（但し超正統派と呼ばれる信仰に生きる日々を送っている人は除く）。誰もが等しく「必要とされる」場であり、その意味での平等をＩＤＦは常に意識しているという。タルピオットに反対の声を上げたＩＤＦの高官たちは、この平等の考え方が損なわれる可能性に懸念を示したようだ。これらの声と地道に向き合い、その重要性を説き続けたのは、両教授の強い信念であろう。しかし、１９７７年にＩＤＦの参謀長としてラファエル・エイタン（Rafael Eitan）が着任し、１９７８年に両教授は、このアイデアを直接エイタンに提案する機会を得た。エイタンはその意義を理解して即決し、数カ月でこのプログラムをローンチさせるように指示したという。タルピオット（Talpiot）という名前は、ヘブライ語で「強固な砦」とか、「高い塔」という意味があり、聖書の中の歌詞から来ている。トップのリーダーシップを暗示する言葉である。

１９７９年に最初のクラスが実施された。プログラムは、ＩＤＦ、ヘブライ大学、選抜された産業界メンバーという三者の協力により運営されている。こういった形態で運営をされている教育プログラムは、世界でも他に例がない。ＩＤＦが関わっているという点と設立初期の目的から、タルピオット自体が軍事技術の研究開発をするプログラムと誤解をされることも多いが、あくまでプログラムのゴールは「最高の技術者」を育てる「人材育成」である。彼らは、プログラム卒業後に一定期間兵役として軍で求められる技術開発に従事する。また、産業界のメンバーの参画は、プログラムの運営にとっても大変重要であり、どのような企業の協力を求めるか、はプログラム開発側で決める。例えば、プログラムの中で仮想現実技術を活用することがあるため、現在マイクロソフトの協力を得ているそうだ。どのような内容のプログラムを開発するか、により、協力を得る産業界のメンバーも変わってくる。

18歳から始まる3年間のプログラム卒業後は、6年間の兵役が義務となる。兵役と言ってもコンバットチームではなく、技術エリートであるタルピオット卒業生の能力を活かすために、ＩＤＦが求める技術開発に従事することになる。しかし、その後は大学の教授となったり、起業したり、と様々な道に進むそうだ。２０１８年現在、卒業生は累計で１０７４名いるが、そのうち約２００名はアカデミズムに進んでいるという。例えば、ヘブライ大学の数学の教授であるイーロン・リンデンシュトラウス（Elon Lindenstrauss）氏も卒業生であり、数学のノーベル賞といわれるフィールズ賞を受賞している。また、サイバーセキュリティの老舗であるチェック・ポイント・ソフトウェア・テクノロジーズ社もタルピオットの卒業生が創業した。イスラエルで毎年生まれる１０００以上のスタートアップの大半には、タルピオットの卒業生が、創業者やＣＴＯなど、何らかの形で関わっていると言われている。すなわち、プログラム設立当初の、「安全保障面での優位性確保」という狙いを遥かに凌駕し、今では、世界中から投資が集まるイスラエルの目覚ましい経済発展を支える、国家の成長のドライバーを生み出すプログラム、になったのだ。この点が、私がタルピオットに注目した点である。すなわち、安全保障を目的とした優れた技術開発を行う、それを牽引する技術エリートを育てる、という活動が、結果として民生分野でも新たな産業を興し、ベンチャー企業を次々に生み、世界からの投資を集め、国家の経済成長につながっているのである。

２０１７年3月に、日本学術会議が「軍事的安全保障研究に関する声明」を発表したように、日本では軍事目的につながる研究開発には極めて慎重になる。従って、単純に同じ仕組みを考えることはもちろんできない。しかし、目的は安全保障ではないにせよ、宇宙開発など高度な技術力を必要とする高い目標を掲げ、それを実現するためのエリートを育成することは、結果として経済の発展にもつながると期待できるのではないだろうか。現実問題、軍事利用され得る技術・知識と、民生利用される技術・知識との間に明確な線引きをすることはもはや困難である。望ましくない目的に技術を利用することを防ぐために、「出口規制」は確かに必要だが、転用の可能性を論拠に必要以上に研究開発という「入口」を閉じてしまうと、産業全体の衰退につながることを危惧する。高い山の裾野は広い。従って、裾野を拡げることは必要だというボトムアップ型の考え方も一理ある。一方でイスラエルがやっていることは、高いタワーを建てることのできる少数精鋭人材を育ててタワーを実現すれば、必然的に（ウォーター・フォールのように）その副産物が生まれてくる、というようなものではないだろうか。

また、タルピオットの卒業生が、タルピオットの運営に関わることも多い。エリート教育を自ら経験したエリートたちだからこそ、更に良いプログラムに改善してゆくにはどうすればよいか、がわかるのである。このプログラムの特徴は、常に進化していることである。次節から、このスーパーエリートを育成するプログラムの詳細を紹介する。先に引用したジェイソン・ゲワーツ（Jason Gewirtz）氏はＣＮＢＣのエグゼクティブプロデューサーであり、２０１６年２月に『ISRAEL'S EDGE』という本を出した。多数のタルピオット経験者へのインタビューをもとに彼らの経験としてのプログラムを紹介しており、現在参照できる資料で最も詳しくタルピオットのことを知ることができるものである。そこで紹介されるエピソードも織り交ぜつつ、実際にタルピオットの経験のある2名のイスラエル人、トマー・シャスマン（Tomer Shussman）氏とリエル・ヴィラ（Liel Villa）氏から直接聞いた生の情報をもとにこのプログラムがどんなものか紹介してゆきたい。トマーは自身もタルピオットの卒業生であり、２０１８年までプログラムのチーフインストラクターであった。リエルは２００６年から3年間タルピオットを経験し、今はプレディクティブビッドというスタートアップの共同創業者及びＣＴＯとして活躍している。

1万人から50人を選び出すプロセス

既述の通り、イスラエルでは18歳から兵役の義務があるが、その2年前、16歳からタルピオットのスクリーニング・プロセスが始まる。タルピオットに選抜されるということは、今では本人にとって大変な名誉であり、具体的なメリットもある。実際タルピオット卒業生という肩書があれば、その後は引く手あまたであり仕事に困ることはない。従って、多くの優秀な若者が目指す目標となっている。狭き門ではあるが、希望する者は誰でも候補者となれる、というオープンさも備えている。

最初のステップは、学校の成績とＩＤＦによるスクリーニングである。イスラエルの学校制度はほぼ日本と同じで、初等教育6年、中等教育3年、高等教育3年であるが、学校の年度は9月から6月までとなる。第10学年（日本の高校1年）末の成績で振り分けられるとともに、第11学年のタイミングで、男女全員がＩＤＦの徴兵センターで能力試験、心理試験、健康診断、面接を受ける。そこで、健康と計量的心理テスト（サイコメトリックテスト）の結果集計・ランキングが行われ、個人面接で結果が通知される。このプロセスは兵役のために同学年の生徒全員が対象だが、タルピオットの対象となるのは、その中でも高等教育でサイエンスクラスにいた生徒（物理や数学を学んだ者）だけである。イスラエルでは高等教育の段階でコース分けがあるようで、技術エリートを育てるタルピオットの対象は、この段階でサイエンスコースを選択している者だけとなる。従って、母数となる対象は約1万人と言われる。その中から、健康、能力、性格の要件を満たした志願者を約３０００人に絞り込む。仮に、最初の学校の成績によるフィルタリングでパスしない学生がいたとしても、もしその学生が強い意志でさらなるタルピオットの選択プロセスにチャレンジしたい、という意向を示せば、常にその意向は受け入れられるそうだ。学校の成績はあくまでプロセスの始まりの指標でしかなく、プログラム運営側は、彼ら自身の「評価力」に絶対の自信を持っているそうだ。また、大変良い成績・評価であるにもかかわらず、例えば本人としては将来医者になることを志向しているためタルピオットは志望しない、という学生もいるそうだ。そのような希望ももちろん聞き入れるとのことである。

現在では、このようなふるいにかけてゆくプロセスだが、始まった当初はまさにリクルートであったようだ。軍の人事部門の採用担当者が、主に、テルアビブ、エルサレム、ハイファ（イスラエル北部の都市）という大都市にある学校へ行き、校長にプログラムのことを説明して回ったという。適切な候補者を見つけて推薦してもらうことを期待した。そのような学校の例としては、テルアビブにある、Handassa'eem高校、ハイファのLeo Baeck高校、エルサレムのL'yada高校などがある（＊1）。しかし、3大都市以外に住む優秀な若者を取り逃がしてしまうため、その後、小さな都市もカバーするようになった。第1章で「身近にあるイスラエル技術」の例として示したチェック・ポイント社の共同創業者であり、タルピオット・プログラム第2期の卒業生でもあるマリウス・ナハト（Marius Nacht）は、アシュケロンという町で育った。どちらかというと貧困層の多い地域だったようで、軍が優秀な候補者を広く探し回った実例である。

この3000人は、第二ステップとして丸1日の「創造性テスト」を受ける。このテストは、物理、数学、コンピュータ・サイエンス、歴史、その他一般常識のテストである。ポイントは、単なる知識のテストではなく、テストを通して各自の創造性を評価する、という点にある。このテストにより、候補者は200〜300名に絞られる。合格者には第三ステップとしてグループワークショップが課せられる。このワークショップは、２泊３日の合宿で行われる。各グループには様々な課題が与えられる。例えば、ハーバードのビジネスケースを二つ与える。グループは二つに分かれ、各ケースの分析をし、なぜ自分たちのケースが他のケースより優れているか、を議論する。いわゆるディベートだが、単なるロジックではなく、必ず、技術的・数学的な分析と論点が求められるそうだ。このワークショップを通して、誰がよく発言をしたか、誰がグループをリードしたか、誰が拙速な議論で誤った方向に議論を進めたか、といった各自のパーソナリティを含めた評価を行う。その結果、１００名が選抜され、第四ステップのインタビューへと進む。インタビューは、心理学者とプログラム・スタッフにより行われる。ワークショップの内容や結果について質問し、どれだけ各自が自分自身を理解していたか、改善点を見つけているか、などを評価し、最終的に50名が選ばれる。評価基準は、どれだけプロフェッショナルであるか、社会性があるか、世の中を良くしていこうという気概があるか、というような指標であるという。

伝説とも言われる話だが、自身も優秀な卒業生として有名なアヴィ・ポレグ（Avi Poleg）中佐は、プログラムの運営に携わったとき、インタビューを通して候補者の「考える力」を見るように心がけたと伝えられる。そのために彼が工夫したのは、インタビューのときにまだ誰も読んでいそうにない、かつ候補者にも簡単にはわかりそうにない科学雑誌の記事を探してその場で読ませ、様々な質問を浴びせる、という手法だそうだ。決して候補者の知識をテストするわけではなく、このようなQ&Aを通して「候補者がどのような思考プロセスをとるのか」を見極めようとしたという。実際、それまでのテストの結果が必ずしもよくなかった候補者が、このインタビューでは途端に饒舌になり、「僕ならこうするかもしれない、いや、べつのやり方もあるかもしれない」と話し始めたこともあるそうだ。ただ一般的には、それまで学校で学んだレベルを遥かに超える物理現象についての説明を求められたり、答えのわからない質問を浴びせられるのは、候補者にとっては大変過酷な体験だったようだ。例えば、「イスラエルにはいくつガソリンスタンドがあるか？」という質問をされた場合、一般的には人口と車の数を仮定し、もっともらしい数を計算するだろう。しかし、質問者は、数を求めているのではなく、そのようなインタビューのストレスのある状況のもとで、候補者がどのように振る舞うか、を見ようとしたのだ。ある候補者は、「尊敬する科学者の名前を挙げてくれ」と言われたそうだ。もちろん、アインシュタインが最も有名だが、この候補者は、それではあまりに普通なので、それ以外の名前を探そうとし、パニックになったという。残念ながら、彼にはアインシュタイン以外の名前が浮かばなかったので、適当にでっち上げたもっともらしい回答をした。しかも、自信を持って、前を向いて回答したという。まさにこういう人材を探しているのだろう。イスラエルでは、Think-Out-of-the-Boxという言葉が頻繁に聞かれる。好奇心旺盛で、新しい視点、異なる視点でものを見ることのできる人材、まさにこのような人材の発掘を狙っていたのだ。ただ、このようなプロセスを経て選ばれた初期の候補者は変人たちばかりだったようだ。誰もが「自分が最も優秀だ」と考えているオタクの集まりは、他のメンバーと仲良くするようなことには興味がなかったようである。

これだけの手間をかけて、候補者一人ひとりの適性を徹底的にチェックするというスクリーニング・プロセスは、今までどのようなプログラムであろうが聞いたことがなかった。日本の大学の入学試験では、2日間のセンター試験と、その後の各大学における入学試験で、合格者を選ぶ。試験問題の準備には時間がかかるだろうが、学生の評価という意味では合計3日間か4日間を費やすだけの「学力テスト」であり、知識量、理解力、問題解決能力を評価する。一流国立大学の入試問題は確かに難問であろうが、所詮は「答えのある問題」である。過去には重箱の隅をつつくような問題に批判が出たこともあったが、解りにくく作られている設問自体を的確に読み解き、積み上げた知識と解法のテクニックを駆使するもの、と言ったら言い過ぎであろうか。この手法では、受験者の知識量や理解力・問題解決能力は評価できるだろうが、個々人のパーソナリティや創造性は評価できない。ましてや、上記のような「難しい科学記事を読んだときに、どう考えるか」などという思考プロセスなど評価のしようもない。正解のない問題に直面したときに、何らかの対処をすべく立ち向かう人材なのか、回避する傾向がある人なのかどうか、などは全くわからない。現実社会で直面するのは答えのない問題が大半であるがゆえに、入学の難しい日本の一流大学卒業生と社会で活躍できる人材は必ずしもイコールではない。例えば、医師を育成する医学部などは、倫理観とか、不測の事態にも冷静さを失わずに対処する能力、も評価すべきであろう。医師の子供が医師を目指すことのメリットは、医師の仕事や日常を子供の頃から目にしていることで、自ずと〝医師に求められること〟を理解しているからだと言われる。有名受験校でありがちな、医学部は難関であるから成績優秀者が目指す目標となる、というのでは、「適性」に関する考え方が全く抜け落ちていると言ってよいだろう。学力テストの結果の点数でフィルタリングすることは、ある種機械的に実施することができる。一方、タルピオットのように丁寧に個人の適性まで見てゆく、ということは、評価する側の見識や力が求められるはずだ。このようなスクリーニングのプロセスは、選抜される生徒にとって厳しいことは無論だが、同時に選抜する側にとっても大変重たい仕事であるはずだ。候補者の資質が優れていても、それを見抜く力がプログラム側になければ双方にとっての損失である。タルピオットでは、1年以上の時間をかけて候補者の人物を精査し、1万人の若者の中からわずか50人のベストな人材を選抜する。「人材育成」ということに如何にイスラエルが真剣であるかの表れといえるだろう。

極めて日本的な発想かもしれないが、このような厳しいテストの対策を目的とした学校での

「特別な教育」プログラムや専門の塾などがあるか、をトマーに質問したところ、全く無いという回答だった。タルピオット及びその選考プロセス自体も、毎年内容を改善する努力をしているという点と、これだけ多面的なスクリーニング・プロセスというのは「小手先の傾向と対策」で対処できるようなものではない、ということであろう。ただ、調べてみるとトマーの言葉とは異なり、塾ではないが「特別な教育」は存在した。タルピオットがエリートプログラムとして認知され、更にハイテク産業振興や国の経済発展にも貢献しているという成功を収めたことから、イスラエルでは科学技術教育の重要性が認知されてきた。その結果、現在イスラエルには科学技術を重点的に教育する高校や単科大学が１８６校存在するそうだ。本節の冒頭でも述べたが、タルピオット研修生の候補となれるのは、このような科学技術教育を行っている（そのプログラムのある）学校で物理やコンピュータ・サイエンスを学んだ生徒である。つまりこれらの１８６校は、タルピオットの候補者や、ハイテク企業で活躍できる人材を育成する高校であると言える。前述の本、『ISRAEL'S EDGE』によれば、驚くことに、アメリカにはこの〝イスラエルの科学技術教育を支援するためだけ〟の団体、Friends of Israel Sci-Tech Schools（https://www.israel-scitech-schools.com/）が存在する。アメリカの内国歳入法５０１－Ｃ３に準拠し課税を免除される非営利団体で、無制限に寄付を受け付けることができる。個人だけではなく、政府、ハイテク分野の大企業など、科学技術教育の重要性を認識する多くの支援者、パートナーがこの団体を支えている。このような団体からの経済的支援を受け、これらのイスラエルの教育機関では、最先端の科学技術教育を生徒に提供している。その内容は、ロボティクス、ナノテクノロジー、バイオメディカル、航空宇宙、コンピュータ・サイエンス、など多岐にわたる。トップ・オブ・トップのエリートを育てることから始まり、科学技術教育の裾野は確実に広がっている。

本題のスクリーニング・プロセスに戻る。『ISRAEL'S EDGE』によれば、プログラムの初期は個々人の能力を中心に評価していた。しかし、卒業生に様々な開発を期待するIDF側のニーズは常に変化し、異なるユニットからの異なる要求を統合するような技術開発が求められるようになると、チームワークの評価も重視するようになったとのことだ。前述のインタビューだけではなく、与えられた材料で定められた時間内にグループで何かを作り出す、というようなテストも導入されたという。つまり、スクリーニングのポイントも変化してくるのである。いずれにせよ、200人に1人、という競争をパスした人材がこのエリート教育を受けることになる。また、この厳しい倍率を通過して最終的に選抜される50名のうち、現在では約30%が女性だという。10年前は女性比率が10%から20%程度だったようだが、近年は増加傾向にある。日本の入試のように学力（知識量と問題解決能力）だけではなく、心身の健康にはじまり、創造性、使命感も含めて評価される選りすぐりの超エリートたちの中でも、女性の存在感が高まっているというのは素晴らしいことだ。通常の兵役では、基本的には男性、女性は別部隊で基本のトレーニングを受ける。次節で説明するように、タルピオットは基本的には技術者を育てる研修であるが、学期と学期の間にはＩＤＦの基礎的なトレーニングプログラムもある。トレーニングの内容は武器の扱いからパラシュート降下やブートキャンプのようなものまである。つまり、従来のＩＤＦでは、体力面も考慮してか男女別のトレーニングであるものが、タルピオットの研修生は一緒に訓練を行うことになる。ＩＤＦにとっても新しい挑戦であったと言えるが、前述のような厳しいスクリーニング・プロセスを通過して、更にＩＤＦの基礎訓練を男性とともにこなさねばならない女性のタルピオット研修生は、あらゆる面でのエリートであると言えるだろう。

3年間のエリート教育の厳しい内容

前節で述べたようなプロセスを経て選ばれた50名の研修生は、まずエルサレムにあるヘブライ大学（Hebrew University of Jerusalem https://new.huji.ac.il/en）で、アカデミックのプログラムとして、物理、数学、コンピュータ・サイエンスの3科目を学ぶ。先に、ＴＨＥ（Times Higher Education World University Rankings）でのランキングを紹介したが、ＴＨＥの評価項目には外国人教員比率や外国人学生比率が含まれており、大学の国際性を重視している。同様のランキング評価で、アラブ首長国連邦に拠点を持つコンサルティング組織が運営するＣＷＵＲ（The Center for World University Rankings）というフンキングもあり、こちらは、外国人教員や留学生の比率を無視し、学術研究のみに重点を置いた評価と言われる。ヘブライ大学は、このＣＷＵＲの調査では２０１７年に世界27位にランクされているレベルの高い大学で、イスラエルが建国される前の１９２５年から開校されている。アインシュタインもその設立に努力したと言われ、アメリカからの留学生も多い。有名人としては、ジューイッシュ・マザーで紹介した女優のナタリー・ポートマンもヘブライ大学（とハーバード大学）出身である。現在２万３０００人ほどの学生が在籍する。タルピオットの研修生が学ぶこれら3科目はサイエンスの基礎と考えられており、徹底的に学び、少なくとも三つのうち二つの学位を取ることを求められる。一般の学生の場合、一つの学位を取るのに１２０時間の科目を学ばねばならないが、タルピオットの研修生の場合は更に多くの科目を学び、学位を取るためには１８０時間のコースを取ることが必要だそうだ。イスラエルの大学生は、男性の場合3年間の兵役を終え、1年間世界旅行や社会経験をしながら「ギャップ・イヤー」を過ごした後に、大学へ進学することが多い。即ち22歳で大学1年となる。一方タルピオットの研修生は18歳でこの3科目を学び始める。周囲の一般学生よりも若いタイミングで、彼らよりも１・５倍学ぶことを課せられるのだ。タルピオット3

年の間にこなすべきことが沢山あるため、最初のアカデミックコースでは短期集中の学習をせざるを得ないという面はあるが、この過負荷の一つの目的は、物事を考えるスピードの速い人材を育てることにあるという。また、学位を取得させる理由は他にもある。タルピオットの3年プラス兵役6年の合計9年が終わった後に、学位取得を目指して大学に進学することになると、彼らはその時点で27歳、28歳になり、他の学生に比べて出遅れたような感覚を持ちかねない。そんな心配を抱かせないためにも、先んじて学位を取得させてしまう、という狙いもあるのだ。トマーによれば、この基礎となる3科目は、他のサイエンスの分野でも通じる〝広い視野、物事を見通す力〟を養うと考えられているそうだ。日本の学校では、数学や物理、化学は基礎科目だが、コンピュータ・サイエンスは応用科目として扱われることが多いのではないだろうか。しかし、医学であろうが、生物学であろうが、どのような分野でも新たな研究開発を進める上でコンピュータの活用は不可欠である。イスラエルで起こされるイノベーションの多くは、ディジタル・テクノロジーをうまく活用している。その意味でも、彼らにとっては、コンピュータ・サイエンスはディジタルワールドを理解する「基礎」と考えられている。この「コンピュータ・サイエンスを基礎科目として叩き込む」という点が、イスラエルが様々な分野でイノベーションを興し続けている一つの要因であることは間違いなかろう。

これらの科目に加えて、〝アクティブ・セミナー〟というプログラムがある。これは、研修生自身が作りお互いに教え合うプログラムである。他人になにかを教えるためには、自分自身がその内容をより深く理解していなければならない。日本の大学で言えばゼミのようなものであろうか。更に、そのテーマは、ナショナル・セキュリティ、イスラエルの経済、クリエーティブ・シンキング、といったもので非常に多岐にわたる。研修生自身が調べ、資料を作成し、プレゼンテーションを行い、必要に応じてグループ作業も行う。タルピオットはエリート技術者を育てるプログラムではあるが、単に技術を教えるのではなく、経済やクリエーティブ・シンキングまで議論させるという点もタルピオットの特徴の一つだ。東京工業大学が開いた「リベラルアーツセンター」も理科系の学生が「教養」を身につけることの重要性を語っているが（http://www.liberal.titech.ac.jp/w/labo_exp_ikegami/）、通じる点があるように思う。

最後は、ハンズオン・テクノロジー・グループ・プロジェクト（Hands-on Technology Group Projects）という経験をする。タルピオットは、研修生一人ひとりに3年間を通して何か「技術成果」を作ることを課す。これはいわばミッション（任務）である。２０１７年では、自動運転車や戦場で負傷した兵士の腕の血管を素早く正しく見つけるシステムなどを開発した事例があるそうだ。このプロジェクトのポイントは、研修生自身が他のアサインメントを持ちながら開発に割けられる自分の時間を決めたり、予算の使い方などすべてをマネジメントしなくてはならない点である。スタートアップ企業を経営するのに匹敵する経験をさせるのだ。研修生は

3年間に3から4のプロジェクトを経験することを求められる。リエル自身の体験を聞いたところ、2年目に大変長期のプロジェクトで新しい軍のシステムを企画し、実際にＰｏＣ（プルーフ・オブ・コンセプト）まで実施したそうだ。その中には武器は無論のこと、インテリジェンス（諜報）のシステムなどが含まれていたとのことである。どの程度の規模でどの程度複雑なシステムか、はわからないが、19歳の研修生が企画から開発までを行い、実際にＰｏＣまで行うというのは、まさに技術ベンチャーの活動そのものを経験させていると言える。このプロジェクトの事例で最も有名なエピソードの一つは、「アイアン・ドーム」の開発だろう。アイアン・ドームとは、イスラエル国内を標的として打ち込まれたミサイルが、その目標に到達する前に、迎撃して撃ち落とす、短距離ミサイルで作られた防御シールドで、２０１１年に導入された。このシステムを最初に考案し、プロトタイプまで作ったのが、タルピオットの研修生なのである。

イスラエルの地図を見ると、点線で囲まれた区域、ヨルダン川西岸地区とガザ地区がある（図4-1）。両方合わせて、パレスチナ暫定自治区と呼ばれるが、ヨルダン川西岸地区はファタハというグループが率いる一方、ガザ地区はハマスというグループが率いており、同じパレスチナ暫定自治区という括りながら、それぞれの政治的主張は異なり、現実は分裂状態にある。反イスラエル色が強いハマスの率いるガザ地区からは、イスラエル国内に向けて頻繁にロケッ

図4-1　イスラエル地図

0 10 20 km
0 10 20 mi
UNDOF
ゾーン
レバノン
地中海
ナハリヤ
メイロン山
ゴラン
高原
ガリラヤ湖
シリア
ハイファ
ナザレ
ハデラ
ネタニヤ
ヨルダン川
1994年条約ライン
テルアビブ
ペタハ・ティクバ
バット・ヤム
ホロン
ヨルダン川
西岸地区
リション・レツィヨン
アシュドッド
エルサレム
アシュケロン
1949年停戦ライン
死海
ガザ地区
ベエル・シェバ
1950年停戦ライン
ディモナ
ネゲブ砂漠
ヨルダン
エジプト
エイラット
イスラエル－パレスチナ間の係争地
アカバ湾

ト弾が打ち込まれてきた。初期のロケット弾は極めて原始的なもので、近距離にしか届かず、物理的な被害を与えるというよりは、いつ撃ち込まれるかわからないというような心理的な恐怖・圧迫を与える効果の方が大きかったとも言われる。しかし、1990年代になると、攻撃の頻度も高まっただけではなく、ロケットの飛距離も精度も向上してきたため、それを食い止めるためのソリューションが必要である、という認識が高まってきた。タルピオット研修生たちのアイデアは、ミサイルの発射とその方向を検知し、軌道を計算して、それが着弾する前に迎撃ミサイルにより撃ち落とす、というものである。これを実現するには、学際的なアプローチが必要であった。ミサイルを検知・追尾するためのレーダー技術だけではなく、軌道計算をするための空力学、数学、物理学などの高度な知識を必要とする。まさに優秀な研修生を集めたタルピオットにふさわしいプロジェクトであったと言える。

このアイデアは注目を浴びたが、実現に至るまでには多くの障害があったようだ。現実には軍の中での予算の取り合いのような面も大きかったであろうが、一つ伝えられるのは「防衛戦略」に関する議論である。イスラエルの国土は日本の四国程度の大きさであり、人口は現時点でも900万人弱である。徴兵、予備役、という仕組みがあるとはいえ、軍隊の物理的規模にも限界がある。すなわち、戦争に直面した場合、万が一境界を越えて国内が戦場となれば、狭い国土は一気に敵に侵略され得る程度の大きさしかなく、また仮に長期戦となって死傷する兵士の数が増えた場合でも、欠員を補充するだけのリソースはない。すなわち、イスラエルの防衛戦略の基本は、「戦うのであれば敵の領域側であり、境界を死守する」「短期決戦で結果を出す」の二点と言える。この論点からすると、アイアン・ドームは、境界を越えたイスラエル側のテリトリーで迎撃することになるため、従来の防衛戦略の基本から外れているのだ。ガザ地区にあるロケット弾のランチャーを見つけ出して破壊する、という方が軍の戦略には適合していた。そのような議論は続いたが、ガザからのロケット弾発射も更に頻繁となり、2006年に、当時の防衛大臣、アミール・ペレツ（Amir Peretz）が投資へゴーサインを出した。実際に実用化したのはラファエル・システムズという防衛産業の企業である。アイアン・ドームは、レーダー、コントロールセンター、迎撃砲、の三つの要素で構成されている。迎撃ミサイルを一発発射するのにかかる費用は、3万8000ドルと言われる。一方でハマスのロケット弾は一発数百ドルである。従って、打ち込まれるロケット弾の軌道を正確に捉え、市民に本当に被害をもたらす可能性のあるもののみ、を迎撃するようになっている。2011年4月に稼働した直後で、65％の成功率を達成した。その後、8月時点で70％、2012年3月にはアイアン・ドームの成功率は80％となった。翌2013年10月には95％を記録した、と言われている。

タルピオットの1年は二つの学期（1学期は18週）で構成されている。そして各学期の間に基礎的な軍のトレーニングプログラムも受ける。夏は10週間、冬は3週間だそうだ。そして各学期末に1週間ほどの休みを貰えるので、研修生には年間3〜4週間の休みはある。アカデミックプログラムはヘブライ大学で実施されるが、夏と冬の軍のトレーニング期間はイスラエル中を転々とするそうだ。空挺《くうてい》部隊並みのパラシュート降下の訓練を体験し、現場の兵士とともにフィールドでの戦車のタイヤトレッドの交換作業も行う。戦車に装備された武器を運んだり、実際に搭乗して、障害物のあるエリアを運転し、目標物への砲撃も行う。潜水艦の操艦なども実際に経験する。戦闘機で急上昇するときに、体がどのような影響を受けるか、を体験し、戦闘機に給油したり、修理したりする格納庫の中でも働くことで、格納庫がどのようにできているかを理解する。インテリジェンス部隊も訪問し、軍の各部署でどのような業務を行っているかを学ぶ。45キロの重さのある炸裂弾を持ち上げる経験をすれば、それを軽くし、かつ威力は落とさないようにする、とのニーズを身をもって知ることになる。一般の兵役では特定の部隊に従事することになるが、タルピオットの研修生は陸海空軍の様々な部署・様々な現場での経験を通じて幅広い視野を持つことになる。この点は、日本企業でも幹部候補生が様々な部署を経験すること、あるいは新入社員が必ず工場勤務をすること、と似ているかもしれない。各部署のリーダーは、その部門の仕事の専門家ではあるが、全体を俯瞰する視点を持つことは少ない。この経験を通して、タルピオットの研修生は様々なプロジェクトをシームレスに見ることができる能力を養える。また、現場の兵士にとっても、タルピオットの研修生が単に〝エリートのオタク〟の集まりではなく、実際に現場を助けるために存在することを徐々に理解し、何が問題なのか、どこを助けてほしいのか、という彼らの体験や考えを率直に話すようになったという。この点は、タルピオット・プログラムを始めるときに、ＩＤＦが最もこだわったことの一つと言われる。

これらの経験は、将来研究開発の業務に従事する彼らにとって、「実用性」の視点を養う経験となる。例えば、先程のアイアン・ドームのシステムの場合でも、迎撃のために発射されたミサイルの弾道特性を考慮し、人口の多い場所へ着弾しないようなソフトウエアも組み込まれている、ということだ。単に迎撃する、という机上のアイデアだけでなく、その後の影響も考えたインプリがなされているのは、現場経験があるがゆえであろう。この視点は、彼らが将来、起業するときにも大きな力になっている。スタートアップが作る製品、サービスが機能・性能として優れていても、現実に売れなければビジネスとならない。若いときに、エリートである彼らがこのような現場の視点を叩き込まれるということも、次々に現実に役に立つイノベーションを興すイスラエルの秘密の一つであろう。そして、ジェイソン・ゲワーツ氏の本によれば、多くの研修生が、この現場の経験がタルピオットの中でも好きだった、と振り返ると言う。

さらに重要なのは、〝リーダーシップ＆パーソナル・デベロップメント（Leadership and Personal Development)〟と呼ばれる経験である。先述のように、50名の研修生は3年間、アカデミックプログラムの期間はヘブライ大学で寮生活をし、昼夜共に過ごす。学期と学期の間は共に軍のトレーニングを受ける。またクラスには、2名のタルピオット卒業生の兵士が付き、3年間を彼らと共に過ごす。彼らの役割は、50名の研修生の個別プログラム開発とコーチングである。このようなきめ細かい仕組みにより、同じグループワークをしながらも、個々の研修生は個々人に合わせたパーソナルな研修を受けていることになる。イスラエルが人を育てるということに如何に真剣かがわかるであろう。最高の教育訓練を受けた人材自身が優れた資質を持つ後進の若者を育成する、という仕組みは、教育の質を更に高めるというポジティブなフィードバックを実現する。また、この3年間、繰り返し研修生同士がお互いを評価し、フィードバックをすることも求められる。このようなハードな経験を通して、個々の研修生にリーダーシップが養われ、人間的な成長にもつながる。もう一点、教える側の役割である。教師は知識を伝えるのではなく、あくまで、「学ぶプロセス」のファシリテーター／世話役に徹する。手順を指導したりすることはあるが、結論や答えを与えることはない。そのかわり山のような質問をする。そして各研修生なりの答え・結論は、研修生自分自身で獲得する、というやりかたは徹底している。もともと優れた素材なので、学ぶこと自体に研修生が困ることはほとんどないようだ。しかし、答えのない様々な課題から来る「困難」に直面したときに、それにどう取り組み、どう対処するのか、それは教師が手を差し伸べるタイミングとなる。当然のことながら、いくら優秀な人材とはいえ、周囲も負けず劣らず優秀な人材ばかりなので、自信を失う研修生もいる。そのような場合に相談に行く相手（心理学のスペシャリスト）も用意されているそうだ。そのようなケアをしてもなお、中には途中でドロップアウトをする研修生も出る。その場合には、一般の18歳と同様に兵役につくことになる。但し、例えばある男性が既にタルピオットで1年間過ごした後にドロップアウトした場合、その1年間も兵役期間にカウントされ、残り2年間の兵役に従事することになる。また、プログラム側としては本人の特性をよく理解しているので、本人がどの部隊に所属するべきか、最適なマッチングができるような支援も行うそうだ。

3年間を通してのトレーニングで、それぞれの年で達成すべきゴールは明確に設定されている。少し古い情報とはなろうが、ジェイソン・ゲワーツ氏の本によれば、

1年目：高度な数学、物理、コンピュータ・サイエンスを学ぶことにより、問題解決能力の基礎を作る

- 2学期で合計34週間となるアカデミックプログラムと、11～12週間の基礎訓練
- 5～6週間にわたり、軍の各部隊や支部を訪問する、軍のオリエンテーション
- 士官訓練の修了

2年目：数学、物理、コンピュータ・サイエンスについて、より高い能力を修得する

・36週間の授業
・最大3カ月、IDFの様々な支部を訪問し、現場の課題や求められるソリューションについて学ぶ
・パラシュート降下部隊の訓練
3年目：受けたすべての教育とトレーニングをまとめ、リーダーシップとアカデミックスキルを磨く。それには、軍の技術だけではなく、電子工学、航空力学、システム認証、などの幅広い科学コースを含む
・軍事工学、レーダー、アンテナ、及び軍事通信の十分な基盤を固める
・ヘブライ大学にて、歴史、美術史、哲学、ユダヤ思想、アラブ研究、などを含む幅広い人文科学・社会科学を学ぶ
・自己の専門分野を決める
・IDFのポストに関するインタビューとオーディションとある。軍のための技術エリート養成プログラムではあるが、単に軍事技術を学ぶだけではなく、美術史まで含む人文科学・社会科学も学び、バランスの取れた人材を育成しようとしていることがよくわかる。
トマーによれば、最近はもっと細かくプログラムのカテゴリごとに目標が定められており

図4-2　エリート養成プログラム

研修のゴール

カテゴリ	1年目	2年目	3年目
科学＆技術	学習する習慣 分析力	実践する力 物事を疑う能力	イノベーション 学術研究
オペレーション	顧客としてのIDF、市場としての戦場の理解	組織としてのIDF	国家の復元力と戦略
コミュニケーション力などのソフトスキル	自己管理 明確に表現するスキル	プロジェクトプランニング、マネジメント	人と責任のマネジメント
精神力	精神的な強さ 失敗への対処	決断力 自己改善	ビジョンをもって考える
対人能力	部下であること フィードバックスキル	チームメートであること 自己主張	チームリーダーであること 指導者であること
教育	誠実さ	優秀さ	責任感

トマー・シャスマン氏講演資料から

（図4－2）、より個々人の能力を伸ばすことが細かく、かつ明確な目標として示されているように見えるが、基本的な思想に大きく変わるところはない。

このように、どのプログラムも、内容的にもまた遂行すること自体も難易度の高いものだ。『ISRAEL'S EDGE』によれば、プログラムの成功の要因は多々あるが、そのうちの運営側のオープン・マインドが鍵だという。タルピオットの運営者は、技術者にとってはそこから学ぶという姿勢がある限り、「ミスをすること」が前へ進むことの一要素である、ということをよく理解している。従って、常に研修生のミスを受け入れるゆとりを持ち、オープン・マインドで、フレキシブルな対応をすることを心がけたという。好奇心旺盛な優れた素材たちが、自身がプログラム卒業生でもあるオープン・マインドの指導者にガイドされ、3年間ほぼ休みなしで様々な過負荷を与えられる、というのがこのエリート育成プログラムの姿である。また、研修生がこの過負荷に耐えられるのは、彼らが共通して持つ「選ばれた人間としての使命感」である。50名の人材を選抜する過程で重視するのは、この使命感を持った／持てる人間であるかどうか、という点が大きい。

活躍するタルピオット卒業生たち

3年間のタルピオットを卒業すると、最低6年間の兵役義務が課せられる。どの部隊でどのような仕事をするかは、各自の希望や能力に合わせて決められる。また、軍の側もトップと目される部隊やプロジェクトだけがタルピオットの優秀な卒業生を受け入れることができる。多くの場合「新しい」プロジェクトが重要と見なされ、タルピオット卒業生が配属されることが多いようだ。前節でも話を聞いたタルピオット卒業生のリエルの場合は、卒業後は空軍でのOR（オペレーションズ・リサーチ）に従事したそうだ。特定の技術開発ではなく、空軍のあらゆる業務、戦術、戦闘能力、等を理解した上で、意思決定や問題解決の最適化を図る業務と想像する。21歳、22歳の若者に組織運営の根幹となるミッションを委嘱するわけであり、如何にこのエリート人材が期待されているかが理解できる。

ＩＤＦにはサイバーセキュリティで有名な８２００部隊があり、タルピオットも８２００部隊と並列に語られることが多いが、あくまでタルピオットは研修プログラムであり、その卒業生の一部が兵役として８２００部隊にも行くと考えるのが正しい。話が少しずれるが、８２００部隊はかなり大きな組織であり、毎年、イスラエルの高校でコンピュータ・サイエンスの成績の優れた生徒たちが多数兵役にリクルートされる。そして、タルピオットの卒業生が主にこの部隊を指揮する役割を担う。イランの原子力開発に打撃を与えた有名なスタックスネット（Stuxnet）というコンピュータウイルスもこの部隊の開発と言われている。「プロローグ」でも述べたように、私自身イスラエルの主にサイバーセキュリティ分野のスタートアップ、その技術を見てきた。その経験でわかったことは、「サイバーセキュリティの分野では、攻撃と防御は表裏一体である」という極めて単純な事実である。つまり、「攻撃」ができる能力があるからこそ、どこをどのように守ればよいか、という「防御」の要となるポイントがわかるのである。逆を言えば、攻撃する力のない人には防御もできない、と言ってもさほど誤りではない。８２００部隊はこのスタックスネットのように「攻撃する力」を持っていると言って間違いなかろう。だからこそ、イスラエルのサイバー防衛能力も優れている、と言える。翻って、日本のセキュリティエンジニア、セキュリティサービス企業で、「攻撃する能力」を持っているところがどれほどあるだろうか？　無論、サイバー攻撃をすること自体は犯罪であり、日本は憲法に定められた「専守防衛」というポリシーを持つ。だからといって「攻撃」技術から距離を置き、攻撃手法や攻撃者の考え方、を理解することをしなければ、本当の意味で防御することは難しい。ホワイトハッカーと呼ばれる人材が求められる理由もそこにある。民間企業はともかく、警察・自衛隊のような法執行機関は少なくともその力を持つべきであろう。しかし、憲法の精神もあり、日本企業・法執行機関が「攻撃する能力」に踏み出すことには国内外の抵抗があろう。その意味で、日本のサイバーセキュリティ対策能力は残念ながら高めることが難しい状況に置かれていると言わざるを得ない、と極論しても、あながち大きく間違ってはいないだろう。

８２００部隊の特徴をサイバーセキュリティの面からのみ説明したが、その本質は〝インテリジェンス（諜報）〟部隊である。即ち、イスラエルへの様々な「脅威」を特定する活動を行っている。このインテリジェンスがあるからこそ、どのような予防措置、防衛措置を取ればよいか、という正確かつ明確な絵をＩＤＦは描くことができるようになる。従って、８２００部隊はＩＤＦのあらゆる軍の活動に関与している。自分たちを取り巻く世界の変化をいち早く理解するからこそ、どのような「予防措置」を取ればよいか、が分かるという意味においては、専守防衛を標榜する日本こそ、万が一反撃せねばならないような局面に陥ることを避けるためにも、適切な「諜報能力」を備えるべきではないだろうか。サイバーセキュリティの脅威に限っても、日本にとって（自社にとって）どのような脅威が想定されるか、が特定できれば、より的確な対策が取れることになるが、そのインテリジェンスがない場合には、様々な脅威に対して考えられる多くのソリューションを導入せねばならないことになる。企業はもちろん、国であっても、セキュリティ対策のために無限にコストをかけるわけにはいかない。その意味でも、インテリジェンス能力を備えることは大変重要である。日本がこのような能力を持ち、運用してゆくためにも、タルピオットのような技術エリート人材が必要となってくる。

本題に戻る。思い出してほしいのは「卒業時点で彼らはまだ21歳」という点である。タルピオットは3年間で終わるが、プログラムの運営側は、個々の研修生が30歳前後になるまで、そのキャリアをエスコートするそうだ。育てた人材がその力を最大限に発揮できるように、卒業後も見守るのである。6年間の兵役後、引き続き軍に残る人材もいれば、アカデミーに進む人間もいるし、起業を志す人間もいる。それぞれが最適な道を選べるように、タルピオット側が個々人のキャリア開発を支えているのである。そして、どの道を選択するにせよ、3年間寝食を共にしたクラスメートの絆は非常に強い。この人材育成プログラムを経験したトップエリートの50名が、非常に深い人間関係を維持し、折に触れて相談・情報交換することができる、というのがイスラエルの強みの源泉の一つである。特に起業した場合などは、何か課題に直面したときに信頼できる相談相手がいる、というのは大きなメリットとなる。

2018年現在、卒業生は累計で1074名いるが、そのうち約200名はアカデミーに進んでいるという。例えば、ヘブライ大学の数学の教授であるイーロン・リンデンシュトラウス氏も卒業生であり、2010年に数学のノーベル賞といわれるフィールズ賞を受賞している。ワイツマン科学研究所のシステム生物学教授のウリ・アーロン（Uri Alon）氏も卒業生で、2004年に国際計算生物学会からオーバートン賞を受賞している。また、ビジネス界でもタルピオット出身者が創業した企業は幾つも挙げることができる。以下に代表例を示す。

■Check Point Software Technologies Ltd. (https://www.checkpoint.com/)

1993年にギル・シュエッド（Gil Shwed、8200部隊出身）、マリウス・ナハト（Marius Nacht、タルピオット出身）により創業された。マリウスはタルピオットの2期生である。インターネットの黎明期にファイアウォールやVPN（Virtual Private Network）などのネットワーク・セキュリティ製品を開発した、サイバーセキュリティの老舗である。チェック・ポイント社が開発したFireWall-1は今日のネットワーク・セキュリティ技術の基盤とも言える。社員数は約4300人で、イスラエルで最大の企業の一つである。2000年よりナスダック100指数の構成銘柄となっている。

■**Via Transportation, Inc.（https://ridewithvia.com/）**

２０１２年に設立されたライドシェアサービスのスタートアップ、Via Transportation, Inc.の共同創業者兼ＣＥＯであるダニエル・ラモット（Daniel Ramot）もタルピオット出身。Ｖｉａ社のサービスは、ミニバンを用いた乗り合いタクシーで乗り降り自由に利用できる。１台の車に、乗車地も降車地もバラバラな複数人が乗り合わせたときに、全員を最も効率的に輸送するための最適解を計算するアルゴリズムが資産。既にニューヨーク、シカゴ、ワシントンＤＣ、ロンドン、アムステルダムなど、多くの国際都市で導入されており、約３５００万人が利用している。日本でも、森ビルがＶｉａと提携し、２０１８年８月１日から、オンデマンド型シャトルサービス（HillsVia）の実証実験を開始した（森ビル株式会社ニュースリリース https://www.mori.co.jp/company/press/release/2018/08/20180801093000003733.html）。

■**Waves Audio Ltd.（https://www.waves.com/）**

１９９２年にギラッド・ケレン（Gilad Keren）とメイール・シャシュア（Meir Shaashua、タルピオット出身）により創業された。高音質の信号処理ツールとして広く使われているオーディオプラグインを開発提供している。映画やゲーム、放送、スタジオ等でスタンダードとして使われている。２０１１年に、レコーディング分野で重要な技術貢献をした企業に贈られるテクニカル・グラミー受賞。

■compugen（https://www.cgen.com/）

１９９３年にエリ・ミンツ（Eli Mintz）、シムコン・ファイグラー（Simchon Faigler）、アミール・ナタン（Amir Natan）によって設立された創薬ベンチャー。３名はタルピオットで知り合った仲間と言われる。エリはＩＤＦで膨大な諜報データをスクリーニングし、テロリストに関する情報を見つけ出すアルゴリズムを開発した。彼の妻であるリアット・ミンツ（Liat Mintz）は遺伝学者で膨大な遺伝子データのふるい分けの問題を抱えていることを知り、エリはＩＤＦの経験をもとに遺伝子配列類似性検索のための強力なプロセッサを開発した。この技術はヒトゲノム解析に使われる。そして、２００５年に彼らは新薬の開発分野に進出する。それまでの医薬品開発は何千種類もの化合物を片っ端から試験してゆくやり方であったが、彼らはタンパク質生成過程での遺伝子の現れ方を足がかりに、「予測可能な」医薬品開発を実現した。

■NICE Systems（https://www.nice.com/）

１９８６年に創業されたNICE Systemsもタルピオット卒業生チームによる企業である。創業時はＩＤＦ向けの電話の通話音声録音機器からスタートし、１９９４年に民間企業向けの音声データロギング、更にはカスタマーエクスペリエンスを改善するためのコールセンターのマネジメントシステムへと展開していった。基本的な技術は、構造化データ、非構造化データの両方をうまく扱って、実用的価値のある情報へ変換するソリューションである。Fortune 100の企業のうち85社が利用する、世界のデファクトスタンダードを提供する企業である。

上記以外にも、「プロローグ」で紹介したモービルアイでAlgorithm team leaderを務めるウリ・ロクニ（Uri Rokni）氏もタルピオット卒業生である。これらの事例からもわかるように、卒業生が活躍している分野も極めて幅広い。また、コンピュータ・サイエンスがその基盤になっていることも特徴であろう。ＩＤＦのための技術開発経験が、音楽にも使える、創薬にも応用できる、と着想できるところが彼らの強さである。プログラムの当初の目的は、第四次中東戦争で経験した劣勢を踏まえて、ＩＤＦのために優れた軍事技術を開発できる人材の育成であった。軍に関わることなので直接的な成果の具体例は明らかではないが、その目的は十分に達成されているはずである。なぜなら、タルピオットの卒業生は軍の中でも獲得競争の対象になっているからだ。しかし、それ以上に彼らは、イスラエルの社会・経済に多大な貢献をしている。ナスダックに上場しているイスラエル企業は、タルピオット卒業生が創業したか、あるいはその企業の中で重要な役割を担っていることが多いと言われる。ともかく、タルピオット卒業生である、と言えば仕事に困ることはない。優秀な人材として産業界でも獲得競争対象であり、また、卒業生の同窓会組織が強固なネットワークをもとに個々人に最適と思われる仕事をオファーする役割もあるようだ。リーマンショックのときに、世界の多くの国がマイナス成長であったにもかかわらず、イスラエル経済はプラスを維持したのも、このようなエリート人材を育てたおかげであると言ってもよい。複数の異なる要素をマッシュアップして新たな価値を生み出す力は、多様性に富んだイスラエルの人材と、その人材が最大限の力を発揮できるように訓練するプログラムの賜物である。このような人材を育て、新しい産業を育成してゆくことこそ、今の日本に求められている。

第5章

教育を重視するイスラエルの文化的背景

ここまで、イノベーションを生み出すイスラエルのエリート人材育成プログラムと、その背景となる建国の歴史を見てきた。長い迫害の歴史の中で、生き延びてきた意志の力と、建国以降も地政学的対立の中で生き残りをかけ、戦略的に優れた人材を育ててきた経緯は、ぼんやりと生きてきた身には驚きでしかない。エリート教育を生み出すのも、エリート教育が可能となるのも、それが必然となる厳しい背景があるわけだが、同時に、それを支えるイスラエルの文化的特徴、を理解しておくことも重要である。

人種の多様性

第2章「移民社会の持つ多様性」でも述べたが、移民政策がもたらした「多言語社会」は、イスラエルに独特の多様性を与えた。移民としてイスラエルに帰還できるのは「ユダヤ人」である。帰還法により「ユダヤ人」と定義されるのは、「ユダヤ人の母から生まれ、あるいはユダヤ教徒に改宗した者で、他の宗教の成員でない者」とされている。イスラエル中央統計局のデータによれば、1948年から2010年の間、累計で307万5229人の移民が帰還した。国民の約3割はイスラエル国外の出身、ということになる。どこから来たかを見ると（表

5−1）、

旧ソ連アジア諸国 55万7445人
アフリカ 50万5625人
エチオピア 8万6188人
南アフリカ 2万2556人
ヨーロッパ 172万2519人
旧ソ連ヨーロッパ諸国 100万6008人
イギリス 3万6717人
フランス 8万5349人
ルーマニア 27万4495人
アメリカ／オセアニア 25万8048人
アルゼンチン 6万8118人
アメリカ 11万8606人

となっており、まさに言葉通り世界中から移住してきたことがわかる。最も多い旧ソ連ヨーロッパ諸国とは、ウクライナやロシアであり、旧ソ連アジア諸国とは、ウズベキスタンやジョージア（グルジア）を指す。ただ、実際にテルアビブの街なかへ行ってみると、アメリカほど

1980–1984	1970–1979	1960–1969	1952–1959	1948–1951	1948–2010
83,637	346,260	373,840	272,446	687,624	3,075,229
6,910	30,820	43,343	33,504	237,352	557,445
15,713	18,990	152,575	140,285	93,951	505,625
12,579	326	115	54	7	86,188
1,442	7,893	4,700	831	831	22,556
35,508	215,254	140,580	86,790	32,786	1,722,519
10,888	149,740	10,791	4,173	4,916	1,006,008
5,016	9,790	5,046	1,689	2,306	36,717
8,175	19,843	12,838	1,915	3,378	85,349
6,951	23,942	90,129	24,023	116,497	274,495
25,230	80,358	34,874	9,070	5,140	258,048
5,274	18,799	11,976	3,584	1,148	68,118
13,439	40,730	12,228	2,281	2,214	118,606
276	838	2,468	2,797	24,395	31,592

多様性があるとは思わないかもしれない。街を歩く人々の肌の色もあまり変わらないし、東洋系やヒスパニック系の人を見かけることは少ないためだ。しかし、実際はこれだけ異なる言語や文化的背景を持った人々が共存している。公用語はヘブライ語であり、移民はウルパンと呼ばれる学校で共通言語となるヘブライ語を習得しなければならない。学校もヘブライ語で授業が行われる。しかし、家庭内では親子の会話は移住前に話していたそれぞれの地域の母語であるだろう。すなわち、イスラエ

表5-1 イスラエルへの帰還移民（1948-2010年）

国別絶対数		2007-2010	2002-2006	1990-2001	1985-1989
合計		63,039	118,194	1,059,993	70,196
アジア		5,844	13,023	180,086	6,563
	旧ソ連				
	中央アジア諸国	4,492	10,721	168,581	
アフリカ		8,185	17,736	50,490	7,700
	エチオピア	7,065	16,554	45,102	4,396
	南アフリカ	880	563	3,267	2,297
ヨーロッパ		33,649	62,947	784,544	36,461
	旧ソ連	21,229	46,782	739,614	17,875
	イギリス	2,407	1,954	5,807	2,702
	フランス	7,230	10,781	16,573	4,652
	ルーマニア	155	398	5,091	7,309
アメリカ・オセアニア		15,341	24,473	44,261	19,301
	アルゼンチン	1,128	8,451	11,673	6,085
	アメリカ	9,122	9,321	20,636	8,635
不明		20	15	612	171

イスラエル中央統計局HPから

ルではヘブライ語と英語以外に、耳を澄ませば、アラビア語、ロシア語、ルーマニア語、フランス語、ポーランド語、スペイン語、グルジア語、アムハラ語、等様々な言葉が聞こえるはずだ。新聞もアラビア語、ロシア語、フランス語という言語の新聞が存在し、時間は短いが各言語のラジオ放送もあるようだ。交通標識はヘブライ語、アラビア語、英語の3言語表記である（写真5-1）。言語だけではなく、料理をはじめとした様々な風俗や習慣などの異なる文化も持ち込まれているということで、イス

写真5-1　交通標識

筆者撮影

ラエルは博物館のような国であると言われる。インド人や中国人が活躍しているアメリカのシリコンバレーが実証しているように、異なる文化的背景を持つ多様な人々の集まりは、均一な社会の人々よりも革新的であるとはよく言われることだ。異なる視点、様々な経験、価値観が刺激し合うことで、革新的なアイデアや議論が生まれやすい。同質性の高い社会・組織では、大多数の人が似たような視点や価値観を持つため、中にいるのは心地よいが新しいことは生まれにくい。一方で多様性から来る誤解や混乱等の課題ももちろん出てくるが、イスラエルでは移民へのヘブライ語教育とユダヤ教という共通項が求心力となり、若い人の場合は兵役も教育機関の役割を果たして、お互いの違いを適度に受け入れつつ協調するという、効果的な多様性を実現しているように見える。

この多様性に加えて、移民のもう一つの特徴は「挑戦する姿勢」であろう。帰還の理由は人によって様々かもしれないが、共通するのはこれ以上失うものはない、という状況である。母国で経済的にも恵まれ、差別に苦しむこともない心地よい境遇にいるのであれば、わざわざ慣れ親しんだ環境を捨てて移民になろうとは思わないはずだ。イスラエルへ移民としてやってきた、ということは、もちろん長年心の中にあったカナンの地に戻るという夢を実現するという意味もあるが、現実問題としての動機は、それまでの人生の蓄積や仕事等多くを投げ捨てて、差別・迫害から逃れてきた、ということが多いだろう。現在のイスラエルで頭脳として活躍している多くの人は、ロシア系のユダヤ人であることが多い。ロシアでは19世紀後半以降、反ユダヤ主義が勃興し、ポグロムと呼ばれる集団虐殺・略奪・破壊・差別行為が頻発した。1918年から20年にかけて何千人ものユダヤ人が殺害されたという。このような過酷な体験から安住の地を求めて逃れてきた人々は、ユダヤ人の国イスラエルで、失敗を恐れることなく新たな挑戦をするしかなかったと思われる。このような歴史と移民によって培われたパイオニア精神は、明らかにイスラエルの特徴の一つである。

バラガン、フッパーと言われるイスラエル人の気質

バラガン（Balagan）とは「混沌」という意味で、バルコニーと由来が同じである。なぜなら、彼らにとってバルコニーは古くなった服やいらなくなったものを捨てる場所であり、〝メチャクチャ〟のようなニュアンスがあるからだ。フッパー（Chutzpah）とは、もともとは大胆さや厚かましさを意味する少し否定的に使われるヘブライ語であったが、今は「普通はできないことを敢然と行うガッツ」のような肯定的な使い方となった。この二つの言葉がイスラエル人を形容するキーワードとしてよく使われる。この気質を理解するために、別の視点からイスラエルの文化をわかりやすく解説した本があるので、まずそちらから参照してゆきたい。著者はオスナト・ロウトマン（Osnat Lautman）というアメリカ人のコンサルタントで、イスラエル人を研究して『ISRAELI Business Culture』（＊19）という本にまとめた。それによれば、イスラエル人（ISRAELI）には、I：Informal、S：Straightforward、R：Risk-taking、A：Ambitious、E：Entrepreneurial、L：Loud、I：Improvisationalという特徴がある。自分の実体験と照らし合わせて見ても、とても納得できる。

Informalは文字通りで、例えば会社組織の中でも、彼らは肩書等を気にせずにファーストネ

ームやニックネームで互いを呼び、フラットに議論する。初対面の人に多少パーソナルな質問（例えば収入の額）をすることもためらわない。ドレスコードなどあまり気にすることなく、常にカジュアルなスタイルでいることが多い。

Straightforwardは、特に会話の中で目立つ特徴である。回りくどい表現はせず、シンプルで直接的な表現をする。オスナトは、"low-context culture"という表現をしているが、例えば議論の中で相手が間違っていると思えば、イスラエル人は"You are wrong"とはっきり指摘する。日本人が外交辞令的に「今度飲みましょう」的なことを言えば、「何日の何時？」と返ってくるだろう。また、相手が話し終わるのを待たずに、途中で遮って話し始めることもよくある。B2Bの関係でも、時間をかけて相手との信頼を構築するような手順は考えず、早く結果を出そうとする。

Risk-takingとAmbitiousであることは、まさにEntrepreneurialの構成要素である。これら三点は一組で理解できる。改めて解説するまでもなく、第1章の事例を見れば、イスラエルがアントレプレナーの宝庫であることはよくわかる。

Loudもとてもわかりやすい特徴である。実際彼らはともすればうるさいと感じるほど大きな声で、かつ近い距離で、感情を表に出して話す。「おしゃべりはイスラエルのナショナル・スポーツ」と言われるようにイスラエル人は話し好きで、人の話を聞くよりも話す方に夢中になる。そのトーンから時に攻撃的と感じることもあるかもしれないが、決して悪意があるわけではない。

Improvisational に関して、オスナトは、〝thinking outside the box（既存の型にはまらない考え方をする）〟という特徴につながる資質であると説明している。彼らは常に視点を変えて繰り返し考えながら目標に近付こうとする。

これらの特徴をまとめて表す、とてもわかりやすいことわざを紹介する。

アメリカでは、明示的に禁止されていない限り、あらゆることが可能である
In America everything is allowed unless it is forbidden.
ヨーロッパでは、明示的に許可されていなければ、あらゆることは禁止される
In Europe everything is forbidden unless it is allowed.
イスラエルでは、たとえ禁止されていようと、どのようなことも可能である
In Israel everything is allowed even if it is forbidden.

日本の文化も三つのうちではヨーロッパのケースに近いであろう。このことわざを読むと、先ほどのバラガンとフツパーの感覚が何となくわかるのではないだろうか？

バラガンは、秩序とか整理整頓にあまり縁のないイスラエル人の特徴である。電車の時刻表もあてにならず、数十分遅れるのは当たり前で、来た列車がどこ行きか、は自己責任で確認する必要がある。郵便局や銀行等の窓口業務も、引き継ぎという概念がなさそうで、人が交代すれば何かの手続きも一からやり直しとなる。決まりを守ることに慣れた日本人にはストレスである。自分自身のビジネス経験でも、契約や価格交渉の中で、“everything is negotiable”であることを学んだ。無論、彼らと交渉するためには、こちら側も彼らを説得するだけの論理を立てて議論をする必要があり、決して楽ではなかった。固定観念に縛られず、「きまり」はあるようでない。柔軟とも言えるが、難しい相手でもある。小さな経験でかつ有難かった事例だが、友人及び顧客とブリュワリーを併設したレストランへ行ったとき、ブリュワリーの内部を見せてくれないかと友人がお願いしたところ、ツアーのようなものは通常はやっていないという前置きはついたが快く対応してくれた。遠くから来た外国人ということもあったかもしれないが、日本であれば「見学ツアーはやっていませんので」で終わってしまうだろう。このように、彼らは固定観念に縛られない。もっと言えば既存の常識を疑う姿勢があるとも言える。

ユダヤ教にはトーラーという聖書に書かれた律法（教え）があるが、もう一つ、モーセが口伝で語り継ぐべき律法を収めたタルムードという文書がある。ユダヤ教の人々の行動規範とも言われるが、正統派ユダヤ教の人々はこの解釈を日々議論している。自分たちの行動規範となるものでも、天下り的に教えられて覚えるものではなく、時代の変化とともにその解釈も変わるとして議論を続ける。古いことわざで、一つの部屋に二人のユダヤ人がいたら三つの意見が得られる、という表現があるが、タルムードのような古典に対しても常に疑問を持ち、議論をするようだ。既存の制度とかルールに縛られずに、疑問があれば常に納得するまで質問し、変えてゆこうとする姿勢がある。また、先の多様性の背景もあり、「そんな当たり前のことは言わなくてもわかる」というようなことは通用しないようだ。主張したい点は事細かに説明するのが彼ら流である。日本人の行動様式との比較で見ると更にわかりやすいかもしれない。何かの問題に対処したり、プロジェクトを遂行する場合、日本人は課題を調査・分析した上でそれなりの計画を立てて動き出すが、イスラエル人の場合はあまり事前準備をするということがない。その場で様々なソリューションを一気に出し合って、即席でなんとかうまく解決する、というのが多いという。このような問題解決の方法もまさに「バラガン」と言える。単なる私見だが、この方法論は、彼らの人生で大きな比重を占める「兵役」にも関係するのではないだろうか。実際の戦場では、状況分析に十分な時間をかける余裕はないことがほとんどであろう。ある種混沌の状況の中で、瞬時の判断力と決断力、そして行動力が求められる。形式にこだわらずに無秩序をそのままに受け入れるが、その中から大事なものは見極める力を持っている。タルムードを議論するという歴史的な習慣もあるが、建国後も、若い時期にそのような訓練、時には実戦、を経験してきたイスラエルの人々に身についたものとも言えるかもしれない。

厚かましく図々しいフツパーの方も似たところがあるが、言葉で説明するのは少々難しい。古典的に紹介されるフツパーの事例には、「両親を殺した若者が、自分は孤児だと言って慈悲を求める」というストーリーがある。これは少々極端だとしても、自分自身の経験では、契約の条件が事例として挙げられるかもしれない。私自身は、優れた技術や商品を持つイスラエルのスタートアップと、提携先を探している日本企業とをつなぐお手伝いをしている。イスラエルの企業とエージェント契約を結ぶときはほぼ100％「成功報酬型」となる。ビジネスデベロップメント活動にどれだけの時間とコストがかかっても、その費用はこちら持ち、ということである。日本企業であれば、求める技術を持った相手を探すなどの調査稼働のコストそのものを理解し、固定費用を支払ってくれるリテイナー契約を結ぶ場合もあるが、イスラエル企業相手だとリテイナー契約はまずないと言って間違いない。また、イスラエル企業は自分たちの技術・商品に絶対の自信を持っているので、仮に、売上に対するパーセンテージが小さいマージンの成功報酬契約だとしても、「うまくゆけばお前にはこれだけ巨額のメリットがある」と都合のよい解釈をするのも、共通した特徴であろう。また、エージェントが間に入ることで一度日本企業との提携が成功すると、同じことが自分たちだけでできると考えるのも、イスラエル企業にありがちな行動である。その結果、それまで積み上げてきた経緯を壊して、厄介な問題を起こすことも経験している。

先に述べたように、フツパーは肯定的意味と否定的意味の両方で使われることがある。当事者にとっては目標達成に向けて常識や伝統を乗り越えた積極的挑戦でリスクを取っている、という意味だとしても、相手にとっては単なる思慮不足とか傲慢と感じられることもあるだろう。フツパーという気質、行動様式、は見る者次第なのだ。彼らは会話の中でよく質問をし、意見を述べる。日本人のように「間違っていたら恥ずかしい」というような感覚とは無縁である。もし質問の内容が自分にとって重要であると信じる場合には、自分が質問をすることで会議の時間が予定より延びるかもしれない、ということは気にしない。小さなことだが、このような事例もフツパーに含まれるかもしれない。いずれにせよ、イスラエルの人々は、フツパーであること、フツパーと言われることをネガティブには捉えないことは確かなようだ。「まえがき」で紹介したように、イスラエルでは毎年1000社のスタートアップが生まれる。当然の如くその陰には数限りない失敗があるはずだが、それを恐れないでチャレンジするからこそイノベーションが生まれる。アインシュタインも「間違いを犯したことのない人というのは、何も新しいことをしていない人のことだ」と言ったといわれる。恐れずに難しいチャレンジをする度胸のようなものもフツパーであり、まさに数多くのイノベーションを生むイスラエル人を表す特徴であると言える。

失敗を尊ぶ文化

日本にも「失敗は成功のもと」ということわざはあるが、残念ながら実社会ではさほど失敗に寛容ではない。特に大企業や官公庁では、2～3年毎に人事異動があり、例えば本籍となる組織から他の部署や子会社へ異動・出向したような場合、その異動期間中、問題を起こさず平穏に過ごすことが元の組織に戻るための要件と考えられているようなケースは多い。いきおい、何か変えようとか、新しい挑戦をする人は現れない。また、人事評価システムでも、一度マイナス評価がつくと、そのリカバリをするような機会が少ない場合が多いのが、日本の大組織の特徴であると言っても過言ではないだろう。一方、イスラエルでは、失敗に対して寛容であり、むしろ尊重する文化があるようだ。イスラエルの若者のほとんどが経験する兵役期間中、彼らはその年齢に比較してとても大きな権限と責任を与えられて、多くの課題に立ち向かうことが求められる。その多くは、限られた時間、限られたリソースのもとで、与えられた課題に対して何らかのアウトプットを出す、ことを求められる。日本の受験のように答え（正解）のある問題を解くわけではなく、正解のない課題に対して、仮説をたて、リソースの制約の中で工夫をし、筋道・手法を決めて取り組む。答えのない課題ということは、どのようなアウトプットでも失敗とは言えないかもしれないが、当然アウトプットの良し悪しは出る。重要なのは、その結果の良し悪しを単に評価して終わるのではなく、上官とともに、徹底して結果のレビューをすることである。仮説がよかったのかどうか、このアウトプットに至った要因はどこにあるか、どのようなアプローチであれば違った結果が出たのか、等。すなわち、自分の挑戦から学べることを徹底的に学び、それを次の挑戦に活かす、という訓練をうけるという。つまり、より多くの挑戦をし、より多くの失敗をした人ほど、より多くを学んでいる（次に成功する確率が上がる）と理解される。『アップル、グーグル、マイクロソフトはなぜ、イスラエル企業を欲しがるのか？』の中でも、空軍における報告会議が紹介されている。日常の訓練の中で、必ず約1時間半の報告会議がある。全員出席で、シミュレーション、作戦行動の検証を行う。悪い決断についての言い訳とか弁解ではなく、そこから得られる教訓を共有するための場だそうだ。無論、個々人の能力を評価する場でもあるので、大変厳しいものであると言われるが、参加者は自身や集団の能力を向上させるための機会とポジティブに捉えているようだ。ほぼ全員が従事する軍におけるこのような経験は、イスラエルの人々に大きな影響を与えているだろう。人々にとって、失敗は新しいことを学ぶ機会なのである。従って、失敗した人も失敗を恥ずかしいこととは思わない。まさに、アインシュタインが言うように、失敗しない人は挑戦しない人だ、と見られるのである。

シンガポールの教育でも似たような教えがある。元参議院議員で現在国立シンガポール大学リー・クアンユー公共政策大学院兼任教授である田村耕太郎氏が、娘に教えられたことという記事（https://www.businessinsider.jp/post-180593?fbclid=IwAR2WRMgAmKaIuxmBvDQlMbwZElwJeiC79x2cCcmLDnKj9-c_oB6PGtCgDNI）でシンガポールの教育を紹介している。シンガポールのインターナショナルスクールで、子供たちは「チャレンジをせずに安易な道を進む人は何も学ばない。挑戦をして失敗をし、諦めない人だけが学習できる」ということを、自分で考えて絵にする、という授業があるそうだ。ジューイッシュ・マザーの節で紹介したナタリー・ポートマンは、そのスピーチの中で「経験不足こそアセットであり、自分の限界を知らないからこそ挑戦ができる」と説いている。また、サター夫妻が言うように、イスラエルの親は、子供たちに何か質問されたときに粘り強く対応し、単純に答えを返すのではなく、一緒に考えるようにする。そして、子供たち自身はどう考えるか、という子供の意見を聞くように心がけている。できる限り多くの経験をさせて、その中で自分の好きなことを見つけて挑戦することを促すようだ。いくら「挑戦することを促す」と言っても、その結果失敗したときにネガティブに評価される環境がある場合には、挑戦する人は現れないだろう。年間１０００件のスタートアップが生まれる、ということは、挑戦するということを本当に尊ぶ文化があり、失敗に寛容である、という証である。

「学ぶ」宗教

キリスト教、イスラム教、ユダヤ教の三つの宗教の聖地であるエルサレム旧市街で、ユダヤ教の人々が訪れ、祈る場所はよく知られた「嘆きの壁」である。この場所に、かつてユダヤ教の神殿があった。紀元前948年に、ソロモン王が十戒の石板を納めた「契約の箱」を安置する場所として建設した第一神殿である。この神殿は、紀元前587年にバビロニアにより破壊されたが、紀元前515年に第二神殿として再建される。しかし、西暦70年に第二神殿もローマ軍により破壊され、ユダヤ人は追放された。この神殿を囲む城壁の一部が今も残る嘆きの壁である。かつての神殿には祭壇もあり、人々が集まり祭儀を行う場所であったが、それが破壊され、人々が世界各地にディアスポラ（離散）する状態になってからは、ユダヤ教は「学ぶ」ことを中心とする宗教に変わった。人々が集まる場としてはシナゴーグがあるが、キリスト教の教会と比較すると、大きな建築物でもなく、ステンドグラスのような装飾もない、極めて簡素なものである。キリスト教の教会も仏教の寺院も、一般的には建築物それ自体が大きく、美術的価値のある装飾や彫刻物で覆われていることが多い。その場に立つだけで、荘厳な雰囲気を感じ、日常生活とは切り離された気分になるのが、教会や寺院の特徴である。時の権力と結びつくことの多い宗教では、その建築物は権力者の力の大きさ（中央集権）を示すものでもあった。シナゴーグはそのような権威的な性格を持つ宗教建築物とは全く異なる、市町村の集会場のような建物と言っては言いすぎだろうか。ディアスポラの間は、その土地の支配者から様々な迫害を受けて生活をしていたため、何も持たずに体一つで逃げなければならないような状況もあった。従って、自らの財産を蓄えることも難しく、頭の中に残せるものが財産であるという考え方になったのは前述の通りである。

ユダヤ人は自分たちの定住する祖国を持てなかったがゆえに、再び神殿のような「場」を持つことはできず、聖書を学ぶことが信仰の中心となった。特に重要なのが、聖書のうちのモーセ五書、「創世記」「出エジプト記」「レビ記」「民数記」「申命記」、を指すトーラーである。文字で書かれたものということで「成文トーラー」とも言われる。もう一つ聖書の法規的解釈や物語伝承を口頭で伝えた「口伝トーラー」があり、キリスト教の牧師や司祭に相当するラビにより「ミシュナ」としてまとめられた。ラビは聖職者ではなく、トーラーの解釈や法的判断を習得した者に与えられる称号ということで、いわば法学者である。キリスト教カトリックにおける職位、司祭、はまさに儀式を司る人だが、ユダヤ教にはそのような役職はなく、それに相当するのがラビという「学者」である、という事実も、ユダヤ教は「学ぶ」宗教という意味で暗示的である。このラビによるミシュナの学習と議論（聖書をどのように解釈するか、戒律にどの

図5-1　タルムードの構成例　モエードの巻スッカー編第1章より

タルムード　モエードの巻スッカー編　三好迪監修、宇佐美公史翻訳、出版社 三貴、1995.10

ように従うのか）を編纂したものをタルムードと呼ぶ。ユダヤ教の信者は、シナゴーグに通い、1年かけてトーラーを学ぶ。タルムードはトーラーをどのように読むか・解釈するか、という方法論のようなものなので、トーラーとタルムードは一体のものであるとも言える。では、このタルムードの中身はどんなものなのか？　タルムードは「ミシュナ」と「ゲマラ」という二つの部分から成り立っている。「ミシュナ」は3世紀初頭にラビ・ユダ・ハナスィによって編纂された、全6巻63篇の口伝の法典である。「ゲマラ」は6世紀までのミシュナについての議論をまとめた註解である。前出のアンドリュー・J・サター氏の本『ユダヤ人の頭のなか』（＊25）によれば、書かれている内容は、何時の祈祷ではどんな祈祷文を唱えればよいのか、結婚や離婚が戒律上有効と見なされるのはどんな場合か、特定のお祭りの際に食べる西洋わさびのサイズはどれくらいであるべきか、というようなものだそうだ。そのページのレイアウト構成例を図示したのが、図5-1である。サター氏の本で図示された例はズライームの巻ベラホート（Berakoth）と呼ばれる章だが、図5-1とほぼ同じレイアウトであり、各部は次のように説明されている。#1の箇所にはミシュナが書かれ、#2の箇所にはゲマラが書かれている。#3の箇所には11世紀フランスのユダヤ人律法学者である、ラシの註解が記載されている。そして#4の箇所はトサフォートといい、ラシの孫たちによる〝ラシのコメントに対するコメント〟が記載されている。そして#5にはその他の重要な註解が記載されている。つまり、中央の島の部分がオリジナルの戒律で、その他の部分はその解釈や意見が述べられていることになる。一つのトピックに対して、大勢の人の意見・解釈が集約されているのがこのタルムードのページということになる。「解釈」はその時々により、また人により変わるようだ。我々日本人にはなかなか理解しにくいが、タルムードに書かれている具体例をサター氏の本『ユダヤ人の頭のなか』から引用することで、大勢の人の意見や解釈が述べられているということがどのようなことであるか、を見てみたい。

ミシュナ：もし祝日に、祝日の食用に飼っていためんどりが卵を産んだら、我々はその卵を祝日に食べてもよいか？

ヒレルというラビのグループ：食べてはいけない。

シャマイというラビのグループ：食べてもよい。

ゲマラ：どのような種類のめんどりについてミシュナは言及しているのか？

もしミシュナが祝日に食べるために飼っているめんどりのことを言っているなら、なぜヒレルのグループは卵を食べることを禁止したのか？　卵は祭り用の食べ物の一部ではないのか？

シャマイのグループが食べてよいと言った理由は何なのか？　誰が卵を食べることを許可

するのか？

それはムクツァー（muktzah）ではないのか（ムクツァーとは「指定」を意味する概念で、後で使う予定があるので何かを取っておく、という意味だそうだ）。

たとえシャマイがムクツァーの理論に固執しないとしても、卵が産まれたその日に食べることは許可されない。なぜならそれは新たに生まれたものであり、ノラッド（nolad）の理論を遵守すべきだからだ（ノラッドとは「新しく生まれたもの」を意味する概念だそうだ）。

ムクツァーの理論を拒否するものでもノラッドの理論は遵守すべきだ。

ただし、ラビ・ナクマンは、ムクツァーの理論を拒否するものは、ノラッドの理論も否定すると言っている。

もしそうであれば、シャマイグループはラビ・シメオンと合意しており、ヒレルグループは、ラビ・ユダクツァーの説に従うことになる。

しかし、それは矛盾であろう。なぜなら、ラビ・ナクマンは（タルムードの他の箇所で）ヒレルグループは常にラビ・シメオンに従っており、シャマイグループはラビ・ユダクツァーに従っていると書いてはいなかっただろうか？

記述されている（議論されている）内容自体は正直よくわからないが、質問を繰り返すことにより、思考を展開している様子だけはわかる。これが先の図の#1と#2の部分で、それに対する意見が#3以降続くことになる。要は聖書の解釈について様々な角度での質問とそれに対する意見・論理展開が繰り返されている。何が問題なのか、を明らかにするためにも、色々な角度からの質問をし、その答えを導くためにも質問をする。それに対する意見を述べるときには証拠も提示する（多くの場合、聖書のどこにこう書いてあるから、というのが証拠らしい）。こういった質問や意見の繰り返しがタルムードらしい。また、この議論は、タルムードの他の箇所で展開されている議論・論理を知っている前提でなされるらしい。つまり、「はじまり」がない構成で作られている。単に聖書を読んで暗記・復唱するのではなく、聖書を学ぶということはタルムードのように、先人の議論に対して自分なりの解釈を考え、それを仲間と議論するということらしい。子供たちからの質問にも、質問で返すというジューイッシュ・マザーの教育もこのスタイルである。その中で、思考力や論理能力、想像力、表現力が鍛えられる。ユダヤ人／イスラエル人の議論好き、論理展開のうまさ、はこうしたタルムードを学ぶ習慣から養われたと言われる。便宜上「タルムードを学ぶ」という書き方をしたが、厳密にはトーラーを学ぶ手法がタルムードであると言えるので、トーラーを学ぶこと自体がタルムードを参照し、解釈をし、議論をする、ということになるだろう。

同じユダヤ人でも信仰の度合いにより、超正統派、正統派（伝統派）、世俗派に分かれている。

その分類は必ずしも厳密ではないが、少なくとも超正統派の人々はトーラーを学ぶことが生活そのものである。彼らは仕事はせず、厳密に律法を守る生活をする（最近では仕事をする人も少し出てきたようだが）。一方、それほど信仰に縛られない世俗派の人々でも、金曜の夕方から土曜日の夕方までの安息日の習慣は守る。金曜日の夕方は家族が集まって食事をし語り合う時間だが、翌朝、土曜日の朝は聖書を学んだり本を読む時間であると言われる。それも一人ではなく複数で一緒に学ぶらしい。つまり、単に本を読んで覚えるのではなく、学ぶことが議論することだからであろう。世俗派の人々はそれほど正面から聖書に向き合う時間を持つわけではなさそうだが、実はイスラエルの社会、生活の仕組みには既にタルムードが深く入り込んでいる。日常生活では西暦のカレンダーも使うが、9月から10月の時期にあるユダヤ暦の新年に始まり、過ぎ越しの祭り等の休日等、公式行事はユダヤ暦に基づいている。ちなみに、西暦2020年はユダヤ暦5780年だそうだ。コシャーと呼ばれる食物規定も聖書に基づいている。例えば、動物の中で食べてもよいものは、ひづめが二つに割れていて反芻《はんすう》する動物、すなわち牛や羊は食べてよいが豚やイノシシは食べられない。魚はヒレと鱗のある魚とその卵は食べてもよいが、貝やエビ、タコ等は食べてはならない。聖書の記載「小ヤギをその母の乳で煮てはいけない」を広く解釈して、乳製品と肉を一緒に食べることも禁止されている。チーズバーガーを食べないのも、まさにこの「聖書の解釈＝タルムード」から来ていると言える。すなわち、特に意識しなくとも、日常生活が既にタルムードに影響されたものになっている。筆者の知り合いのユダヤ人男性の一人は正統派に近い世俗派だが、1年間かけて安息日ごとにトーラーを読み、1年後には、また同じトーラーを最初から読み始めるという。彼によれば、同じものを読んでも必ず新しい発見があるそうだ。聖書の解釈＝タルムードが生活の中に組み込まれているイスラエルの人々は、まさに「学ぶこと」「議論すること」が生活の中に根ざしている人々であると言えよう。

第6章

日本とイスラエルとの違い

これまでイスラエルの歴史や文化を振り返り、その中に見える「人を育て、学ぶ」ことを尊ぶイスラエル人の特徴を見てきた。多くの点で、私たち日本人とは違うところに気づいていただいたのではないだろうか。実際に13年間イスラエルとビジネスをしてきた経験を通して気がついた、日本とイスラエルとの様々な違いを列記してみることにする。日本を卑下し、イスラエルを賛美するものではなく、その逆でもなく、両者を対比させることで、今の我々日本人が考えるべき課題を明らかにすることができるのではないかと考える。

静の日本、動のイスラエル

静と動の違いが最もわかりやすく現れているのは、それぞれの国を取り巻く国際情勢である。1945年以降、アメリカとの関係を主軸とした安全保障政策を取ってきた日本は、幸いにして戦争に巻き込まれることもなく平和な70年間を過ごしてきた。少なくとも冷戦期までは、アメリカ・ソ連二大国間の軍事バランスのもと、日本は平和憲法を持つ世界第2位の経済大国として、何らかの特別な行動を取ることもなく、お金による国際貢献で過ごしてくることができたと言える。もちろん、拉致被害のような未解決の主権侵害問題は抱えたままだが、世界各国を悩ませている民族や宗教の対立、押し寄せる難民の問題、そこから派生する武力を含む紛争やテロにも大きく巻き込まれることなく、日本人は総体として安全保障観を大きく揺さぶられることのない穏やかな生活を送ることができてきたと言えるだろう。すなわち、世界の情勢が大きく変化しても、日本人の日常は幸いにしてあまり変わることはなかった。すべての民放テレビ局だけではなく、ＮＨＫ含めて全テレビニュース番組のトップが〝アイドルグループの解散報道〟で占められる日（２０１９年1月27日）があった、というのは平和な社会ならでは、である。その意味で「静」とした。

湾岸戦争の時に１３０億ドルもの資金を多国籍軍に拠出したにもかかわらず、「日本は金で済ませ、世界平和の構築に貢献しようとしない」という批判を受けて以降、国内での大きな論争を経て徐々にＰＫＯ活動も始め、現地で貢献する自衛隊の人々は大変な努力をするようになった一方で、幸いにしてその他一般の日本人の日常の「静」の状態は大きく変わってはいない。テレビだけではなく、新聞や多くのＷＥＢメディア含めて日々のニュースは国内の出来事中心で済んでおり、大きく「静」が揺さぶられる主な要因は自然災害だけであると言ってもさほど間違ってはいない。ビジネスの現場でも、日本企業は海外から悪口を言われるほど調査や意思決定に時間をかけ、判断が遅い。時間をかけている間にビジネスチャンスを逃すような環境であればもう少し動きも迅速であるのかもしれないが、未だに時間をかけているということは、

「今後のビジネスの環境も今日とあまり変わらないだろう」と考えられるから、に他ならないだろう。ただ、中国が巨大な経済成長を遂げて、軍事力も強化しながら覇権主義的な動きを見せてきた昨今、東アジアにおける安定状態のバランスも変化してきており、従来のような「静」が今後も続くとは限らないことは認識する必要があろう。

一方、イスラエルはその建国の翌日から戦争せざるを得ない状況にあった。自分自身の生活、自分の国を守るために、70年間に四度の戦争をしてきている。中東地域という地政学的に不安定なエリアに暮らすイスラエルの人々は、不確実性の中で、自分で考え、自分で行動する、まさにダイナミックな生き方をせざるを得なかった。四国と同じくらいの大きさの国でありながら、常に国際情勢の影響を受ける。従って、イスラエルのテレビニュース、新聞のトップはほとんど国際情勢を報じている。国際情勢のニュースの位置づけが低い日本とは大きく異なっている。日本のことも我々日本人以上によく知っていることが多い。国際情勢抜きでは国内を語れないほど日々世界と関わり合っているのだ。従って、「明日はどうなるかわからない」のがイスラエルの人々の常識であり、「デザートは最初に食べる」と形容されるような彼らの行動様式にもつながる。筆者がビジネスで経験した事例を紹介する。日本では「損して得取れ」という言葉がある。例えば自社の製品・サービスを大企業が導入してくれそうなビジネスチャンスに巡り合った場合、日本企業であれば、競争相手に勝ち、その機会を確実にするためにも、最初は多少のディスカウントをしても契約を勝ち取ろうとすることは一般的と言えるだろう。その分の損は、長期間利用してもらうことで取り返せる、更には、そこで取引関係との信用が築ければ、「大企業との取引実績」をもとに、将来の他のビジネスチャンスにもつながる可能性がある、と考えるのは我々日本人にとってさほど不思議なことではない。一方、イスラエル企業は相手が誰であろうと絶対に最初のディスカウントはしない。もし、顧客が3年間採用するから単価を下げろという要求を出した場合に、1年目は100％の提案価格だが、2年目は10％割り引き、3年目は20％割り引いてもよい、というような提案をする。日本人は無意識に「明日が昨日と大きく変わることはないだろう」と考えるが、イスラエルの人々は「明日はどうなるかわからない」と考えるからだ。不確実な将来よりも現実の今に重きを置く。この「明日は昨日と大きく変わらないだろう」というある種の思い込みが、日本人の調査や意思決定に十分な時間をかける習慣や、過去に引きずられがちな慣性モーメントの強さにもつながるのではないか。「明日はどうなるかわからない」のであれば、過去がどうであれ、常に今の状況に即した迅速な判断を求められることになる。

均質な日本、多様性のあるイスラエル

イスラエル社会の多様性については既に触れたが、同じようにメルティング・ポットであるアメリカとは少し異なる点があるかもしれない。アメリカ社会には、WASP（ホワイト・アングロ・サクソン・プロテスタント＝White Anglo-Saxon Protestant）だけではなく、ラテン系の人々、アフリカ系の人々、アジア系の人々等、様々な人種・国籍の人間が合法・不法を問わず存在している。肌の色をはじめとする外見が明らかに異なるため、アメリカの大都市に行けば、それこそ「多様性」を実感する。ロサンゼルスのホテルで開催される学会等のイベントのディナーでは、配膳してくれるのは、小柄だが体格のよいラテン系の人が多かった。シリコンバレーのハイテク企業には、インドや中国出身のソフトウエアエンジニアが大勢活躍している。国も人種も宗教も異なる人々が集まって社会を構成し、多様な価値を生んでいる。マイノリティーに対するポリティカル・コレクトネスな思想はあれ、現実はこれらの人々が住む地域が分かれているように、相違はあくまで相違のままの混在状態、とも言えるのがアメリカ社会かもしれない。一方、イスラエルの街なかを歩くと、さほど人々の外見の違いを意識することがない。ハイファ近辺の北部の都市へゆけば、アラブ系の人を比較的多く見かけるが、テルアビブでは観

光客は別として、街を歩く人々の人種の違いをあまり意識しない。イスラエル社会の多様性は、人種とか国籍ではなく、移住してくるまで生活してきた国、その文化・言語、から来るが、その中には〝ユダヤ人ないしはユダヤ教の信者〟という民族・宗教の共通点がある。アシュケナジ系（ドイツ・東欧・ロシア）、スファラディ系（スペイン・ポルトガル・イタリア・トルコ・北アフリカ）、ミズラヒ系（アジア）の間の対立・緊張はあるようだが、民族・歴史に対する共通の思い、そして移住してからのヘブライ語教育による求心力、一体感が醸成されるという意味で、アメリカとは多少質の異なる多様性かもしれないが、様々なバックグラウンドの人々が世界中から集まっていることには変わりがない。

イスラエルの人々のおしゃべり好き、議論好き、はある種この多様性から来ているとも言える。日本のように均質な社会では、「黙っていてもわかる」ところが多々あるが、生きてきた背景を異にする人々の集まりではそうはゆかない。いきおい、自分が主張したいところははっきりと説明し、価値観が異なる相手でも、その主張が納得いかなければ、わかるまで説明させるのがコミュニケーションとなる。多様な価値観を持つ人々の間の相互理解のためにはお互いに話し合うことが一番であり、はっきりと意見を述べることが評価されるのは、このような背景があろう。また、意見を述べる、議論する、ということは個性と個性、価値観と価値観のぶつかり合いになり、その中でそれぞれの考えが醸成されブラッシュアップされる可能性もある。

人々の間で「黙っていてもわかる」ところがあるのは、組織や社会が潤滑に動くという意味で必ずしもデメリットではないが、それが行き過ぎて「黙っていてもわかるはず」となって、「空気を読む」ことが必要だったり、「同調圧力」に支配されるようになると、議論自体が少なくなり、異質を排除し、新しいものを生まないという力学が働く。「世間に迷惑をかける」とか、「世間に笑われる」という概念についてイスラエル人に説明を試みたことはないが、おそらく理解させるのは困難であろう。不祥事を起こした企業トップがお詫びの記者会見の中で発言する常套句である「世間をお騒がせし申し訳ない」という言葉は、外国語にはどのように翻訳されているのだろうか？　均質社会の構成員（日本人）にとっては、その中（日本）で生きてゆくのは正直、楽である。楽であるがゆえに、その常識や共通ルールを他者に説明し、理解を得るという努力もあまりしてこなかったかもしれない。一方で、多様性のある社会の中で生きてきた人々は、その多様性と戦ったり、受け入れたりという様々な努力をしながら暮らしているだろう。その努力であるぶつかり合いの中で問題も生まれることもあるが、新しい価値が生まれることもある。ぶつかり合いがなければ、失うものもない代わりに生まれるものもないのではないだろうか。

おしゃべり、に関連するが、ほとんどのイスラエル人は流暢に英語を話す。英語を話すのは当たり前と思われるかもしれないが、イスラエル人にとっても英語は我々と同じく「第二外国語」であり、初等教育から英語を学んだ結果なのである。同様に第二外国語としての教育を受けながら、２０１３年の株式会社クロス・マーケティングの調査では、72％の日本人が「英語は話せない」「単語を羅列する程度」と回答しており、「日常のコミュニケーションが取れる」「ビジネスで通用する」と回答したのは残念ながら10％弱でしかない。やはり、日常的に世界と付き合わざるを得ないという環境から来ている必然だろうが、世界からイスラエルに投資が集まるのも、単に技術が優れているだけではなく、その優れた点を英語で発信しているからに他ならない。他者に理解させる／理解してもらうことの重要性をわかっているからではないだろうか。アリババ等の中国企業も、巨大市場と優れたビジネスモデルを持っていたとしても、仮に中国語だけで発信していたら、世界からの投資は容易には集まらないのではないだろうか。閉じられた社会で心地よく過ごせる時代はとうに終わっており、コミュニケーションの間口を広げる努力をしないと、グローバル化した世界の中では「黙っていてもわかってくれる」ことは１００％あり得ない。単純だが、イスラエルの人々に気づかされた真理である。

学力をつける日本、子供の好奇心を育てるイスラエル

そもそも日本における「学力」の定義とはなんだろうか?

学校教育法で規定された三要素は小学校教育に向けて以下のように定義されている。

・基礎的な知識・技能
・思考力・判断力・表現力等の能力
・主体的に学習に取り組む態度

2014年12月の「高大接続改革答申」では、高等教育・大学教育を視野に入れて、下記のように定義されており、小学校向けの定義とさして変わるところはない。

・基礎的な知識・技能
・思考力・判断力・表現力等の能力
・主体性・多様性・協働性

検索すれば様々な情報が得られるようになった現在、知識偏重教育の課題についてはあちこちで論じられている。現実社会では、覚えることによるストックとしての知識とその量につい

てはもはやあまり意味がなく、その真偽や質を見極める能力や、知識をフローとして使いこなす能力の方が重要になっている。それにつながるのが、上記定義二番目の、思考力・判断力・表現力等の能力、だろうか。思考力を高めるには、様々なテーマについて考え、多くの人と議論を戦わせる機会を増やすしかない。異なる意見とのコミュニケーションを通じて自分自身の意見を鍛え上げるような機会・訓練が必要である。判断力・表現力も同様であり、その機会、経験を重ねるしかないであろう。このような機会を日本の学校、教育の現場ではどれだけ子供たちに提供できているのだろうか。学校では学びの当事者であるべき生徒が、与えられたものを受け取るだけの受け身となっている。何をどのように学ぶかについて、生徒が意見や希望を述べる場はなく、決められた教科書が配布され、それに沿って教師から生徒への解説・知識の伝達が行われるのが日本のスタイルである。当事者であるべき生徒が「なぜこれを学ぶのか」とか「もっとこういうことを学びたい」と考える余地も、意見を差し挟む余地も少ない。〝均質な日本、多様性のあるイスラエル〟でも述べたように、「黙っていてもわかりあえる」ところのある日本社会では、努力して作らなければ「他者と議論を戦わせる機会」はそもそもあまり存在しない。また、思考力・判断力・表現力の育成という目標についても、日本では、小学校から高校までは文部科学省の定める学習指導要領に従い、検定に合格した教科書を用いて、一律の内容を教育するという原則の中で考えられている。同じ教科書で同じことを学ぶ画一的な教育の中で、能力や個性の異なる子供たちの思考力をどのように育てるのか、多様性をどのように育ててゆくのか、具体的な議論はない。

一方で、イスラエルでは、両親・家庭が「いかにして子供の能力を引き出すか」という点にとても注力している。親は子供と向き合う時間をできるだけ作り、様々な感動体験ができるような場に連れ出し、色々な場面で子供の意見を引き出すように心がけている。その裏には、好きなことであれば学ぶことを厭《いと》わないはずである、という考えから、子供は何が好きか、何が得意なのか、を見極めようとする、ある種文化とも言える習慣がある。そして、好奇心旺盛な子供は、Out-of-the Box（新しい視点）からのものの見方ができる可能性が高いと考えている。従って、子供からの質問には単純に答えを返すのではなく、逆に質問を返し、なぜその質問を考えたのか、自分自身はどう思うのか、を引き出すことで常に考えさせようとする。既に触れたように、イスラエルでは学校のカリキュラムも一様ではない。学校・教師により、カリキュラム自体を変えたり、教材を選択できる自由度がある。これも多様性への対応と考えられる。従って、プログラミングの知識がある教師であれば、子供の好奇心に応じて小学校低学年からプログラミングの授業を取り入れることも可能になる。親や教師は、教えるのではなく、子供たちが学ぶことを「支援」する。先に紹介したエリート教育のタルピオット・プログラムでも同様であった。プログラム提供側はファシリテーターに徹するのである。他者から指示されたことではなく、自ら考え、自ら見つけた興味のあることを学ぶので、その結果責任は自分で取る、という意識につながるはずだ。

会社組織中心社会日本、誰とでもつながるソーシャルネットワーク社会イスラエル

イスラエルと付き合い始めて最初に驚いたのがその人脈のつながりの濃さである。イスラエル人の友人に「この商品、この会社を知っているか？」というような質問をすると、かなりの確率で「その会社の誰々を知っている」という答えが返ってくる。知らない場合でも、「その分野であれば、友人のXXが誰か詳しい人を知っているはずだ」という返事が来る。友達の友達はみな友達だ、形式で簡単につながりをたどることができる。コンタクトを取りたいと言えば、その場で電話をしてつながる相手を探して紹介してくれる。人口が約900万人という規模もあるが、大きな要因としては2～3年の兵役と、その後も続く予備役経験がある。兵役期間を一緒に過ごしたメンバーとは深いつながりができ、その後の年に一度の予備役でも交流ができるため、その人脈を通して更にネットワークを拡げることが容易に可能となる、という点

にあるようだ。従って、このネットワークは学校とか会社の組織を超えたものになる。特に、先に説明したタルピオットや8200部隊の場合は、厳しい訓練経験をした者同士の強いつながりだけではなく、「同窓会」が組織化されており、後輩を支援したり、仕事の斡旋《あっせん》をしたり、という活動を自主的に行っている。2019年のサイバーテックでパネルディスカッションにパネラーとして出ていた8200部隊卒業生であるロイ・ツァール（Roy Zur）氏によれば、8200部隊の経験が自分を育ててくれたことに感謝しており、自分ができることでそれを返したい、その意味でも同窓会活動に積極的に参画すると言っていた。

前章の繰り返しとなるが、オスナト・ロウトマンの書いた『ISRAELI Business Culture』という本によれば、イスラエル人（ISRAELI）には以下のような特徴がある。

I　Informal
S　Straightforward
R　Risk-taking
A　Ambitious
E　Entrepreneurial
L　Loud
I　Improvisational

このInformalとStraightforwardという特徴はネットワークを拡げるのにとても効果的のようだ。最近日本にも多くのイスラエル人が旅行に来ているが、友人によれば、イスラエル人同士はすぐに見分けがつくとのことである。実際、仕事で友人と都内を歩いているときに、「あそこにいるグループはイスラエル人のツーリストだ」と何度も指摘された。友人によれば、海外のレストランで食事をしていて外国人のグループを別のテーブルに見つけたとき、それがイスラエル人のグループかどうかは5秒で見分けられるそうだ。そして、イスラエル人グループと見たら、そのテーブルに行って挨拶をするという。先方もこちらがイスラエル人であることがすぐにわかるので、逆にそれをわかっていながら挨拶に行かないと、「なんだあいつは」となるらしい。このイスラエル人気質も、ネットワーク構築に有効である。

兵役後の世界旅行についても前述したが、若者たちは世界に散らばるユダヤ人ネットワークを活用するらしい。彼らの間に語り継がれるレストラン等があり、そこに行けば訪問者が情報を残すノートがある。それを活用しながら旅のプランを立て、自分自身も他者に有用と思われるメモを残しておくのが一般的という。長い歴史の中で迫害を受けてきた人々という背景もあり、コミュニティの中のつながりや助け合うという文化が育まれてきたとも言える。

ただ、良い情報も悪い情報もネットワークを介して瞬時に拡がるというのはメリットでもありデメリットでもある。筆者がある企業の代理人をしていたときに、テルアビブでの展示会でその競合となる企業のブースを訪問し、話を聞いたことがある。その分野の情報収集程度であったが、競合他社のブースを訪問したという情報はすぐに代理人をしている企業に伝わり、何か企んでいるのではないかとの疑念を持たれた。これはデメリットの例だが、一方、面白い製品を持った企業を見つけて新たに付き合いたいと考えたとき、その企業のCEO、COOが信頼できる人かどうか、は友人に確認すればほぼわかる。これはイスラエル人の友人を持つメリットであるが、ビジネスの面で言うと〝インナー・サークル〟に入ることの重要性を示す例でもある。

日本社会では、人同士の付き合いが続くのは大学の同窓会とか会社の組織関連の範囲が多い。だいぶ改善されてきたとはいえ、人材の流動性はまだまだ低く、大学卒業後に就職した一つの会社（及びその関連会社）で仕事人生を全うするというのが日本人の多数派である。本人の意思とか能力とは別に、社会保障の仕組みや、退職金という仕組みが、〝就社〟に有利にできているという現実も大きい。従って、そのコミュニティ中心の生活をするようになってくる。筆者自身も数回の転職は経験したものの、原則ＩＴ企業で働いたので、出会ったコミュニティ、所属する人々はあまり大きく変わらなかった。その後、メディアの人々と付き合うようになって、話す言葉や常識の相違に驚かされた。異分野との出会いから得る「気づき」はとても価値がある。このような異分野との出会いは、日本では意図的な努力をする必要があるが、イスラエルでは自然とネットワークが拡がる社会の仕組みがある。その中にいる彼らは、我々にはない大きな武器を持っているとも言える。

品質管理の日本、QA（クオリティ・アシュアランス）のイスラエル

モノ作り日本の強みは「品質の高い製品」であることは間違いない。トヨタで生まれた「カイゼン」「ポカヨケ」等の日本語は、そのまま世界で通用するし、自動車などの工業製品に限らず、コメ、果物、魚の品質や鮮度管理にも定評がある。この強みを実現してきたのは、如何に質の高い製品を合理的かつ経済的に生産して顧客に届けるか、を工夫し、日々改善に努めてきた先人達の地道な努力に他ならない。品質改善は、短期間の研究開発で結果が出るようなものではなく、製品、プロセスの細部にわたって改善の余地がないかどうかを日々チェックし、フィードバックしてゆく、手間と時間のかかる業務である。それが可能であったのは、日本では、需要側と供給側が株の持ち合いやグループを作ることで、相互の信頼に基づく中長期のビジネスが可能であったこと、が大きな要因の一つであろう。また、大量生産というビジネスモ

デルが成り立つ時代背景もあった。明日のビジネス環境が昨日と大きく変わることはない、という前提で供給者と需要者とが中長期の関係を構築でき、中長期の事業計画を共有することができる。このような努力の積み重ねで、不良品の出る確率を最小化した工程を確立して品質の高い製品を作り、顧客へ提供する。更に、提供後もその品質を確認しながら品質保証を行い、万が一不良品が出た場合には必要な対策を施す。不良品発生率を50ＰＰＭ以下にするという目標があるとすれば、製品を１００万個製造して不良品は50個以下（０・００５％以下）ということになる。これが日本が作り上げてきた品質の強みだ。

イスラエルでは、農業、医療、ＡＩ、サイバーセキュリティ、と様々な分野でイノベーションが生まれているが、その大半のコアとなるのはソフトウエア技術、設計技術である。ウインドウズでは毎月、脆弱性情報提供やメジャー、マイナーのアップデートが提供されるように、ソフトウエアにはバグがつきものである。バグなしのソフトウエアというのは存在しない。従って、顧客に製品を提供してからもバグの発掘やフィックスは継続的に続く。それが彼らの常識である。イスラエル企業の中にもＱＡ（Quality Assuarance）という機能はあるが、日本企業の品質管理（Quality Control）、品質保証（Quality Assuarance）とは異なることを理解しなくてはならない。彼らのＱＡは、製品を作ってあるテストケースに基づく試験をし、求める機能・性能が確認されればできた、ということになる。そのテストケースは当然顧客が提示するものが基本になるが、ソフトウエアの場合、その評価試験でありとあらゆる「場合を尽くす」ということは理論上不可能である。顧客側もそれほど多くの場合を尽くしたテストケースを提供できるわけではない。仮にあらゆる場合（Use Case）を想定できるとして、もしその90％をカバーできるテストケースで試験が実施できるとすれば十二分に凄いことではないだろうか。筆者自身の13年間の実体験として、肌感覚だが、イスラエル企業のQAでは、ざっくり70％程度のテストケースでOKであれば「できた」と言う。ソフトウエア開発の基本はDevOpsである。Operationしながら Developmentしてゆく、使いながら改善してゆく、のである。つまり、日本人のモノ作りにおける品質管理の感覚（製品の納品時に不良品は50PPM以下）とは大きく異なる。ここまでは、実はイスラエルに限らず、アメリカ企業もヨーロッパ企業もあまり変わりはない。イスラエル企業で更に注意しなくてはならないのは、彼らは常に「明日がどうなるかわからない」という世界を生きてきた、という点である。このような背景もあり、じっくり時間をかけることを好まないし、不得手である。彼らの開発力は素晴らしいし、彼らの製品は従来にない尖ったものが多い。ただ、このQAの特徴を理解せずに提携し、「イスラエルは0→1に秀でていて、日本は1→10が得意なので相互補完ができる」と信じると、彼らの「1」と日本人の期待する「1」との間にはギャップがあることがまま存在することに注意する必要がある。彼らの「1」を受け取った後に、我々の「1」にするには、かなりの努力が必要である。

付加価値の作り方が異なる

モノ作り日本の屋台骨は自動車産業であり、今、ＣＡＳＥ（Connected, Autonomous, Sharing, EV）という１００年に一度といわれる大変革に直面している。移動の手段である車というモノの性能、機能をより魅力的にする努力を続けてきた製造業が、モノではなくそれによって実現されるモビリティという付加価値を提供するサービス産業へと転換しつつあり、所有からシェアへという切り口だけでも社会に大きな影響を与えつつある。日本の自動車業界がこの変革期をどのように乗り越えるか、で日本経済の姿も変わってくることは間違いない。一方で、情報処理の世界を振り返ってみると、これと同じくらい社会に影響を与えた大変革は、１００年どころか20年に一度くらいのペースで起きてきた。最初はＩＢＭのSystem／360に代表される大型コンピュータが１９６０年代に生まれ、80年代に入ると早くもミニコンからパソコンへ移行し、通信との融合でインターネットでつながることによって、今ではクラウドコンピューティングやスマートフォンが主役となっている。昔のスーパーコンピュータよりも今のスマートフォンの方が処理速度という意味では高性能だ。コンピュータの進化とともに、我々の社会も、仕事のしかたも、生活自体も全く姿を変えてきた。

感覚的な表現で恐縮だが、イスラエルのビジネススピードと日本のビジネススピードは、この〝コンピュータの進化〟と〝自動車産業の変革〟くらい異なると感じている。トマー・シャスマン氏が述べたように、イスラエルではコンピュータ・サイエンスはディジタルワールドを理解するための基礎と考えられている。イスラエルでは多くのイノベーションが生まれているが、その核となるのはソフトウエア技術である。もともと小さな国で、天然資源もなくモノ作りには不向きという認識から、国家レベルで付加価値を作るソフトウエア技術に力を入れてきた。スマートフォンがＯＳのアップデートで機能追加をし、テスラの自動車がソフトウエアを入れ替えることで新しいモデルとなるように、新たな付加価値を作るのはハードウエアではなくソフトウエアである。従って、彼らの中ではソフトウエア開発のDevOpsの考え方が、ビジネスの基本になっているように見える。すなわち、仮説を立て、開発をし、検証しながら修正をして、プロダクトを良いものに育ててゆく、というプロセスが回っている。開発者自体が開発をしながら運用もすることでフィードバックがとても早い。

一方我々日本が過去に取った産業政策は、原材料を輸入して加工することでモノを作り、製品を輸出する、というビジネスモデルであった。材料を加工して製品を作ることが、日本の実現した「付加価値」であった。そして、そのモノ作りでは、開発部隊が設計・開発を行い、製造部隊が製品を作り市場に提供したら、後は保守運用部隊に任せる、というように各担当が分かれている。市場の声は保守運用部隊に入るので、それを開発や製造側にフィードバックするという流れも分断されている。しかも、あらゆる分野でディジタル化が進んだ現在、モノは誰でも作れるようになった。実際、鴻海《ホンハイ》のようなＥＭＳ（Electronics Manufacturing Service）企業が、世界中のメーカー製品を作っているし、中国の深圳《シンセン》ではどのようなモノの試作も請け負う企業がある。もはやハードウエアは、付加価値を生み出すソフトウエアの〝イネーブラ〟であるという認識に立つべきである。

Ｕｂｅｒ、ＡｉｒＢ＆Ｂ、ＮＥＴＦＬＩＸは、自動車は作らないし、ホテルも持たないし、テレビも売らないが、移動という価値を提供し、宿泊という価値を提供し、エンタテインメントという価値を提供する。ＡｉｒＢ＆Ｂが株式公開したら企業価値は３１０億ドルとも言われ、世界最大のホテルチェーンであるマリオット・インターナショナルの時価総額４１５億ドルにも匹敵する評価を得ている。ハードウエアである「モノ」はソフトウエアで実現される「サービス」のイネーブラであり、価値はサービス側に来る。このモノの性能・品質がなければこのサービスの付加価値は提供できない、という領域もあるはずだが、それは素材や部品であったり、宇宙開発のような狭い領域であるはずだ。『週刊ダイヤモンド』２０１８年8月25日号に、平成元年と平成30年の世界時価総額ランキングの比較表が掲載された（表6-1）。平成30年時価総額ランキングの上位に来る企業が提供する価値は、少なくとも特殊な（高性能な）モノを

表6-1　世界時価総額ランキング

平成元年世界時価総額ランキング

順位	企業名	時価総額（億ドル）	国名
1	NTT	1638.6	日本
2	日本興業銀行	715.9	日本
3	住友銀行	695.9	日本
4	富士銀行	670.8	日本
5	第一勧業銀行	660.9	日本
6	IBM	646.5	米国
7	三菱銀行	592.7	日本
8	エクソン	549.2	米国
9	東京電力	544.6	日本
10	ロイヤル・ダッチ・シェル	543.6	英国

平成30年世界時価総額ランキング

順位	企業名	時価総額（億ドル）	国名
1	アップル	9409.5	米国
2	アマゾン・ドット・コム	8800.6	米国
3	アルファベット	8336.6	米国
4	マイクロソフト	8158.4	米国
5	フェイスブック	6092.5	米国
6	バークシャー・ハサウェイ	4925	米国
7	アリババグループ・ホールディング	4795.8	中国
8	テンセント・ホールディングス	4557.3	中国
9	JPモルガン・チェース	3740	米国
10	エクソン・モービル	3446.5	米国

『週刊ダイヤモンド』2018年8月25日号より、筆者作成

必要とはしない。高性能な素材や部品で勝負する日本企業は更に成長を続けてほしいが、それ以外の日本企業がサービスという価値の提供側に参画し、世界と勝負するためには、モノ作りで慣れ親しんだビジネスプロセスやスピード感を自ら壊してゆかねばならない。今後も「モノ作り」の価値はなくならないにせよ、繰り返しとなるが、世界経済に新たな価値を生み出すのはモノよりもサービス中心となってきた。世界のビジネスが大きく動いてきている中で、日本が従来築いてきた強みを今後も

どのように生かしていけるのか、あるいは、新たなビジネスモデルに合わせてどのように方向転換すればよいのか、それを模索してゆく上で、イスラエルが参考となることは確かである。

他国に支配されたことのない日本、他国に支配され続けたユダヤ人

昔、イスラエル人の友人から「日本の独立記念日は何月何日か?」と聞かれたことがある。我々には、神武天皇即位日としての「建国記念の日、2月11日」はあるが、独立記念日というものはない。第二次世界大戦後、日本はアメリカの占領下にあり、サンフランシスコ講和条約に調印して1952年4月28日に国家としての全権を回復するが、占領下でも主権の一部の制限はあったものの政府は存在し続けたので、アメリカから独立したわけではない。一方、イスラエルという国家が成立したのは1948年5月14日であり、国連によるイギリス委任統治から独立した。ユダヤ民族という切り口で見れば、紀元前18世紀頃からの4000年の歴史を持つが、自分の国を持って独立したのは、ここわずか70年である。それまでの期間は常に他国・他民族の支配下にあり、奴隷のような位置づけであったと言える。

あまり意識してこなかったが、独立記念日のない国というのは実は少ない。すぐに思いつくのはタイくらいである。多くの国が、イギリス、スペイン、ポルトガル、フランス等の列強国による植民地統治から戦争を通して独立し、主権を獲得した。その意味では、日本人は建国以来、(制限されたことはあれ)主権を失ったことがない国である。つまり、他国を植民地化することはあったが、自らが植民地となった後にその主権を獲得(回復)するための努力(多くの場合は戦争)をしたことがない。そのためか、我々日本人は「主権」に対する意識がとりわけ低いのではないかと感じることは多々ある。アメリカをはじめとして多くの国々は、植民地支配下で支配国と戦うことにより「主権」を獲得し、独立している。紀元前含めて4000年以上、民族としては他国の支配下にあり、1948年にやっと主権を得たイスラエルの人々の思いとして「やっと得たものは誰に何を非難されようが二度と手放さない」という気持ちがどれくらい強いか、を我々は本当に理解できるだろうか? 隣の大国もしばしば「核心的利益」という表現で、あらゆる手段を通して国益と主権を守るための強い姿勢を表明する。

冒頭述べたように、日本のメディアは総じてパレスチナ寄りである。実際、ガザ地区からのロケット弾攻撃があったときに戦闘機による空爆でお返しをする、という「火力」の圧倒的非対称性を見ると、メディアのイスラエル非難にも一理ある。パレスチナ自治区に新たな入植はしない、と国連で合意したにもかかわらず、イスラエルによる入植活動が続いていることも国際的非難の対象である。一方で、イスラエル側から見れば、パレスチナ側からの攻撃は「テロ攻撃による主権の侵害」であり、それを排除し国益を維持し国を存続させるためにあらゆる手を尽くしている、ことになる。物事には常に二面性があり、竹島を日本の領土とする日本人から見れば、韓国軍の不法占拠は明らかに主権の侵害だが、独島は韓国領であるとする韓国人から見れば、自国国境の防衛、となる。筆者自身が「主権」をはじめて認識したのは、1973年8月にホテルグランドパレスから金大中氏が拉致された事件であった。合法的に日本に滞在している金氏をKCIAが拉致したとの見方で、当時の大平外相が、テレビを通して「国家主権の侵害である」と強く韓国を非難した。この時にはじめて「主権」というものを強く意識した。その意味では、言うまでもなく北朝鮮による複数日本人の拉致などは更にひどい「主権侵害」でありながら、残念ながら未だに解決できていないのは悲しいことと言わざるを得ない。多くの場合、外交とは「政治力」「経済力」「武力」の組み合わせで実現され、性善説が当てはまらない国際社会で「国際社会でのルール違反」を正すために行使する「強制力」と考えると、日本はその「強制力」を行使する力に大きく欠けていることをもっと強く認識し、憲法に定められた通り武力の行使なしで、どのように「強制力」を行使できるのか、もっと国民レベルで議論し、共通認識を持つべきではないだろうか。アメリカを頼りにしたり、国際社会に訴えるのも必要だが、主権は自ら守るものであるという意識を我々自身がまず持つ必要がある。仮に、イスラエルが国民の拉致に直面したときに、どのような手段でどのように「強制力」を行使し、奪われた国民を取り戻すか、としばしば考えることがある。紛争の絶えない中東を見ながら、国家にとっての主権、国益というものがどれだけ大切なものかを考えることは、不安定さを増してきた国際情勢の中で、とりわけ情緒的な性善説に流れがちな日本人に必要なことと言える。

ハーバードの研究結果でも対極に置かれた日本人とイスラエル人

『ハーバード・ビジネス・レビュー』の2015年の記事に、エリン・メイヤー（Erin Meyer）氏が異文化の比較をした論文がある（https://hbr.org/2015/12/getting-to-si-ja-oui-hai-and-da）。そこに示されたマップ（図6−1）は、日本人とイスラエル人が対極にあることを示している。マップの横軸はConfrantationalで、人がコミュニケーションを取るときにモメることを気にしないか、揉め事を避けようとするか、という傾向である。マップの縦軸はEmotionally Expressiveで、コミュニケーションの際に感情を表に出すか、出さないか、という傾向である。マップで明らかなように、四つの象限の対極にあるのが日本とイスラエルである。日本人は揉め事を避けよう

図6-1　エリン・メイヤーの論文

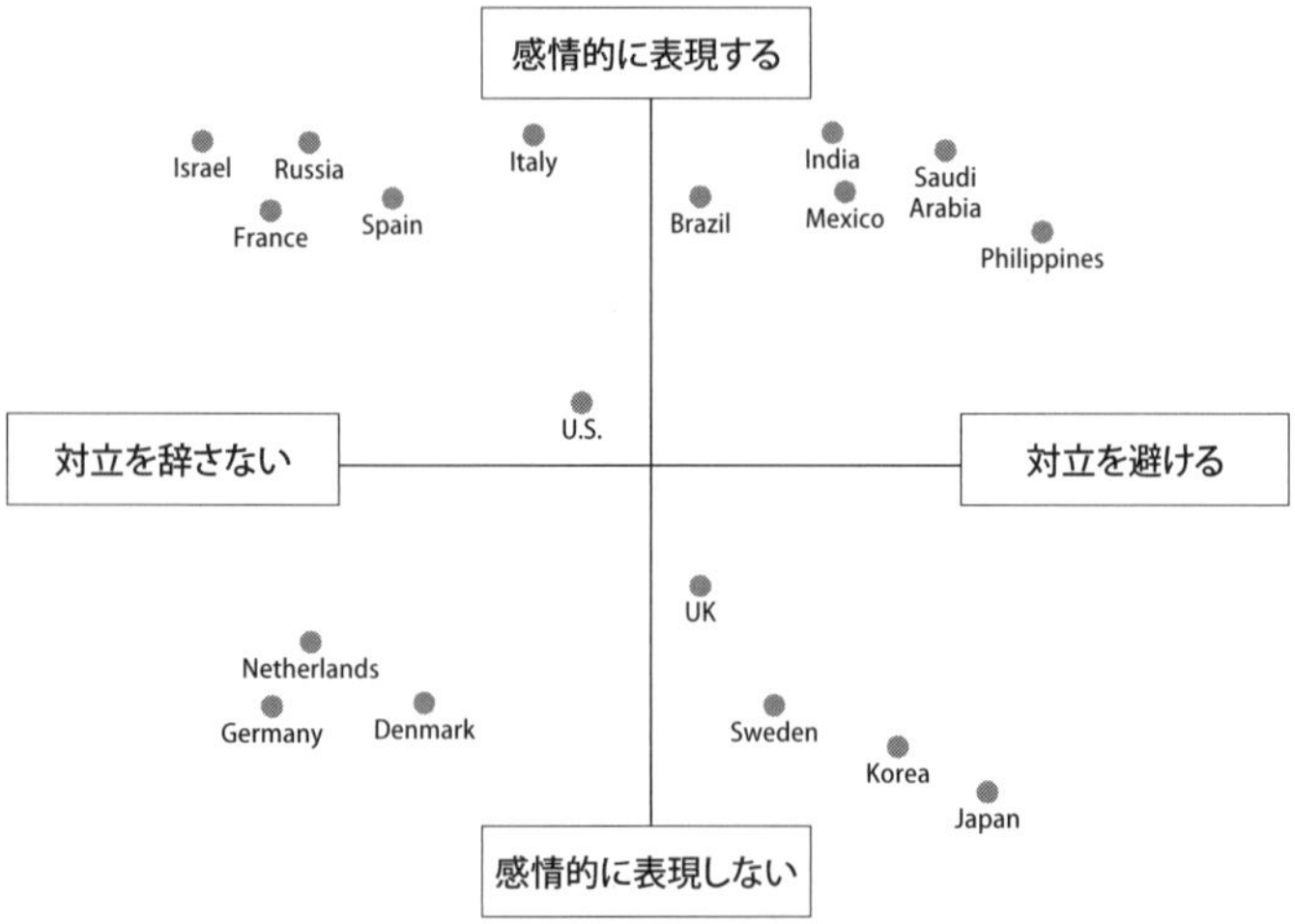

とし、感情も表に生には出さない傾向があるが、イスラエル人は揉めることを気にせず、感情をそのまま表現する傾向がある。オスナト・ロウトマンの本でも指摘している、Informalであり、Straight-forwardであり、Loudといった特徴が、この分析と重なる。接点のない他の国の人についてはわからないが、イスラエル人と日本人については、自身の13年間の経験と照らし合わせてもとても納得できる。

ここ数年、日本でも起業する若者が増えてきたのでだいぶ状況は変わってきたかもしれないが、受け身の教育の結果、若者は社会に出ても指示待ちになる傾向があった。一方で、多くの会社や組織では、表向きは、創意工夫や主体的な行動が歓迎される。もちろん、個々人は組織の期待に応える努力をするが、そこで出てくるのは「期待されるであろう答え」である。多様性に乏しい社会では、異分子は生きづらい。創意工夫や主体的な行動と言っても、想定される範囲内であれば問題は起こらないが、多少3σから外れてしまうと組織・社会側の許容度が狭くなり、歓迎よりも摩擦になる可能性が高まる。異なる意見を戦わせるような教育訓練も受けて来ずに、異文化を背景にした外国人が多く住むわけでもない日本では、「黙っていてもわかる」ところが多いだけに、3σの外を理解するための許容度が小さいと言えるだろう。いきおい、我々は揉め事を避けようとする。

一方、旧ソ連から、フランスから、アメリカから、南米から、エジプトから、等々、世界各地から戻ってきたユダヤ人が住むイスラエルでは、まず話し合わなければその言動の背景となる異文化を理解すること、相手に理解させること、はできない。おしゃべりがナショナル・スポーツと言われるように、彼らはよくしゃべる。議論に熱が入ると、言葉の勢いも強くなるので傍から見ると喧嘩しているのかと思うことすらある。実際、筆者も仕事上の利害の対立で、イスラエル人の友人たちとかなり激しくやりあった経験もあるが、その後気まずくなることもなく友人関係も損なわれることはなかった。語学能力の制約もあるが、多少無礼な発言をしても、それが後を引かないのでむしろ有り難い面もある。また、“everything is negotiable”とよく言われたが、少なくともビジネスのシーンでは「これでなくてはいけない」と決まったこともないため、議論することは必須である。

よく、イスラエルは0→1に秀でていて、日本は1→10が得意なので相互補完ができる、と言われる。それは確かかもしれないが、むしろこのマップのような対極にある特徴こそ、相互補完で強みの出る要素かもしれない。日本人にとってはまだまだ馴染みの少ない、中東・イスラエルだが、イスラエル人は日本人が想像する以上に日本・日本人のことをよく知っている。このマップに表された点も含め、日本人は自分たちにないものを持っている、という点で興味と憧れを持ってくれていることは強く感じる。その点を理解し、同時にこちらも彼らの特徴を理解することで、付き合うのがとても容易になってくる。

産業革新投資機構（JIC）とヨズマ

日本には新しい産業の創出・育成を目指す官民ファンドなるものがある。株式会社産業革新投資機構（JIC）という組織で、産業競争力強化法に基づき設立された官民出資の投資ファンドである。財源としては、政府が2860億円を出資し、民間企業26社が140億円を出資した。また、機構が金融機関から資金調達をする場合に1兆8000億円の政府保証がつけられるため、最大2兆円規模の投資能力を持つことになる。投資にあたっては、機構内に設置する「産業革新投資委員会」が評価を行い、投資対象の決定をする。経済産業大臣が業務を監督し、評価するということにもなっているので、官民ファンドと言いながら、国の関与が極めて大きい。民間出身のメンバーがいるとはいえ、この組織は95％政府の出資金で動いている。民間のファンドであれば、目利きの失敗、投資の失敗は、そのファンドそのものの存亡に関わるが、官民ファンドは投資の結果にかかわらず潰れない。

イノベーションを次々に興す今日のイスラエルの成功を支えた一つの有名な仕組みに、第2章でも述べた「ヨズマ」というプログラムがある。1993年に国が1億ドルのファンドを設けた。ある事業に民間投資家が60％を出資すれば、政府が40％を出資する。更に、その40％は将来民間が安く買い取れるような制度にした。即ち、民間のベンチャーキャピタルにとっては、政府が初期投資のリスクを負ってくれるだけではなく、投資の成果は全て民間に還元されるのである。このような有利な条件のもとに、10件のベンチャーキャピタルが、海外の投資機関との連携のもとに立ち上げられた。制度としては、ヨズマ・プログラムは「民間のベンチャーキャピタルを支援する仕組み」である。イスラエルの老舗ファンド、ビンテージ・パートナーズの創始者の一人であるアラン・フェルド（Alan Feld）氏は、国は直接投資をしてはいけない、と言う。ヨズマ・プログラムは、投資のプロである民間の投資家を支援するというところにポイントがある。国の関与が大きく、投資が失敗しても潰れないＪＩＣ自体が投資をするのとは全く異なる。実際、ＪＩＣの前身であるＩＮＣＪ（産業革新機構）が投資したのは、その金額の大半は、株式会社ジャパンディスプレイとか、ルネサスエレクトロニクス株式会社の「再編支援」であった。新産業の創出を理念に掲げた組織がやったことは既存企業の延命なのである。

ここから学べることは極めてシンプルではないだろうか。即ち、国の役割は「リスクを取る」ことに徹する、ということである。目利き・投資をするのはその道のプロである民間の投資家である。直接的な投資の成果も民間に還元することで、より多くの民間のプロの投資機関がベンチャーに投資し、その結果、より多くのベンチャー企業の事業成功を導く、という「正の循環を作ること」が国の役割なのである。その結果、新たな産業が育成されれば、その結果の税収が国の得る果実、である。イスラエルのようにスタートアップが次々に生まれる活力ある国に日本もなれるかどうか、金を出すが口は出さない、このシンプルな原則を国がどこまで守れるか、にかかっている。

第7章

イスラエルから学べること、我々がなすべきこと

これまでイスラエルのエリート教育とその歴史的・文化的背景について調べ、幾つかの論点で日本とイスラエルの比較を試みた。バブル崩壊以降、就職難を経験し、不確実性の増大により将来展望を持つこと自体が難しくなってきた日本の多くの若者たちが、失敗を避けて挑戦よりも安定を求める、という守りに入る傾向があるのは事実であろう。そのような状況を作り出してしまった責任のある大人たちも、破綻しかけている社会保障制度や必要な構造改革に有効な手を打てないまま多くの課題の先送りをしている。現実を受け入れ「みんな平等に、緩やかに貧しくなっていけばいい」（https://www.chunichi.co.jp/article/feature/hiroba/list/CK2017021102000006.html）とまで言った東大名誉教授もいる。残念ながら社会全体が縮小均衡に向かう傾向のある日本に比べ、ともすればこちらが気恥ずかしくなるくらい、イスラエルの人々はストレートかつ貪欲に「成功」を追求し、「ビジネスチャンス」を探し、そのための努力をする。過去13年間イスラエルと付き合ってきた中で、我々日本人が失いつつある前向きのエネルギーをあちこちで見ることができた。

そして、多分最も大きな気づきは、イスラエルでは「どのような国になろうとしているか」という絵が明確に見えること、である。それは、国としても民族としても「生き残る」という確固たる命題があり、そのためには①強い国であること、②必要とされる国であること、が重要であると考え、そのために様々な努力をしていることから見えてくる絵である。具体的には、

・国民の数を増やす
・安全保障を最優先に力を注ぐ
・多様な技術革新を通して世界からの投資を得る

ことである。すべて、前記①②からくる施策であり、生き残るという基本命題につながる。

世界中の多国籍企業がイスラエルにR&Dセンターを置いているというのは、イスラエルの人々の研究開発力を求めているからである。毎年巨額な投資が世界からイスラエルに集まるのは、リターンが期待できるからであり、そのリターンは利益であり、技術であり、人であり、製品であり、会社そのものであるかもしれない。こういう国になるという絵の中に求める何らかの価値があるからこそ、ここに世界中からの投資が集まる。

翻って、日本には世界の企業、投資、人が集まってきているだろうか？　日本は素晴らしい品質のモノを効率的に生産し、世界に輸出することで外貨を稼いできた。しかし、その価値に対して海外からの投資が集まっているわけではなく、日本でモノを作ろうとする海外企業が増えているわけでもない。むしろその価値を作り出してきた高度経済成長時代に活躍した人材が、定年後の活躍の場を求めて元気のあるアジア各地に離散している例もある。また、ディジタルの世界では、モノ作りの機能は鴻海に代表されるEMS（Electronics Manufacturing Service）企業へと移っている。何を作るか、のR&D機能こそ強化されねばならないが、華為やサムスンの投資体力に比べると日本企業の研究開発投資は見劣りがすると言わざるを得ない。失われた20年（あるいは30年）から未だに抜け出せない日本は、世界から「求める何らかの価値のある国」と見られているだろうか？　今後どうなれば、求められる国となれるのだろうか？　残念ながら、「日本はこうなるべきだ」というビジョンを、施政者をふくめて責任ある大人たちが描けていない。人口減少（生産年齢人口の減少）というこれまで経験したことのない状況を迎え、国内の市場規模は確実に減少するとともに、付加価値を生み出す力・生産性が減少してゆく。今後の日本社会・経済が大きく成長することは望めなくても、少なくともひどい衰退をすることなく、何らかの価値を提供し続けるためになすべきことは何なのだろうか？

先に示した世界時価総額ランキングの比較表（表6－1）の平成元年では、上位50社中日本企業が32社を占めたが、30年では表の中に1社しかない。それも35位である。平成元年のランキングに現れている日本企業の多くは、今でも日本経済を主導する大物であるが、彼らは過去に成功した事業領域を変えておらず、新たに主戦場となる領域に挑戦してこなかった結果として、平成30年のリストからは姿を消したことになる。典型的な例は、平成元年のリストトップであったＮＴＴだろう。ＮＴＴグループのドコモは、その10年後、１９９９年にｉモードを生んだ。全く新しいビジネスモデルであり、ビジネススクールのケーススタディにもなったまさに革新的なイノベーションだった。しかし、振り返ってみると、ｉモードはインターネットと言いなから専用閉域ネットワークであり、ディジタルとは言いながら通信速度が遅かった第2世代移動通信網上のサービスだからこそ革新的だったサービスである。その後第3世代、3・5世代と移動通信網自体が進化して高速・広帯域となり、iPhoneのように直接インターネット接続ができる環境が整うと、iモードはその役割を終えて消えてゆく。その後ドコモからは、映像配信や音楽配信など様々なサービスは出てきたものの、残念ながらiモードのようなイノベーションには至らない。2018年で7800万という巨大契約者数は、携帯電話、モバイルインターネットという事業領域を変えることなく、その上でたとえ〝何もしなくても〟巨大な収益を生み出し続けることができる。唯一ランキングに残っているトヨタ自動車は、言うまでもなくハイブリッドというイノベーションを生み、全く新しいエコカーという事業領域を世界に先駆けて創生した。更に、自動車製造会社からモビリティサービス企業へ姿を変えるという宣言をしている。

世界時価総額ランキングの冷徹な事実にも現れているように、私たちがなすべきことは、過去の常識と成功体験から抜け出し、これから伸びるであろう領域へ投資する、「産業構造の転換」を実現すること、であることは明らかである。右肩上がりの経済成長時代に確立した、「多機能・高性能」「高品質」「低価格」なモノを大量に作って世界に売る、という「モノ作り日本モデル」はもはやあまり意味がない。我々が構造転換後に目指すのは、イスラエルのように世界に通用する新たなイノベーションを次々に興し、世界の人々に求められる新たな付加価値(モノかもしれないしサービスかもしれない)を提供できる国になる、こと以外はないはずではないだろうか。天然資源もなく、技術による付加価値で国の経済を支えている〝島国〟、という共通点がありながら、一方は力強く前に進み、他方は足踏みしている。多くの付加価値を提供し続けている、〝前進する人々〟から、我々は学べることがあるはずであると考える。

そのために学べることは大きく分けて二つ、「経済・産業の発展を支える様々な仕組み」と、「失敗を恐れずに挑戦をしイノベーションを興す人々を尊ぶ一人ひとりの意識」であると考える。以下、我々が今後何をすればよいのか、をひとつずつ考えてゆく。

規制緩和

第2章で、ヨズマやＢＩＲＤなどのイスラエル政府による施策を紹介したが、それに加えて新たな産業振興に必要なのは様々な規制の緩和である。イスラエルでは多くの分野でハイテク技術が生まれているが、最近特に注目されているのはヘルスケア分野でのイノベーションである。得意なディジタル技術をヘルスケア分野に活かしているが、その推進のために政府が行ったことが、医療に関わるデータ（電子カルテのような）を20年以上にわたって取得・蓄積し、医療機関や企業がそのデータにアクセスできるインフラを整備したことである。そして、そのデータを活用する企業にインセンティブを与える仕組み、などの支援策を導入した。その結果、医療の地域間格差も縮小し、更にそのデータを利用した様々なアプリケーションやサービスが生まれ、今やディジタルヘルスはイスラエル経済成長のドライバーの一つになっている。

日本でも電子カルテは徐々に広まってきたが、その利用は当該病院内でのスタンドアロンに限定され、残念ながら、他の病院とネットワークでつなぎ、個人のカルテにアクセスするようなことはできない。イスラエルでは、どの病院からも自分のカルテにアクセスし、過去の病歴、治療歴を踏まえた適切な医療を受けることができるのとは大きな違いだ。近年、レントゲン等の医療画像をＡＩが診断する技術も出てきたが、当然ＡＩが学ぶデータ数が多ければ多いほど、より精度の高い診断ができることになる。しかし、このような技術開発も一病院内でのデータ利用に限られる。このような日本の規制は個人情報保護が主な理由だが、サイバーセキュリティに最先端の能力を持つイスラエルが個人情報保護を軽視しているわけではもちろんない。個人の病歴というプライバシーは保護しながら、イスラエルはそれを活用する環境を作っているわけで、日本で同じことができない合理的理由は何もないだろう。あるとすれば、築地の移転騒動でも見えたように、日本では、科学的データに基づく「安全」という実証を、「安心」という情緒や感情が覆い隠すことがしばしば起こる点であろう。イスラエルは科学技術の示す結果を冷静に捉え、必要な対策を施しているに過ぎない。ヒトの遺伝子操作など、倫理に関わるような問題への規制は当然必要だが、そうでない分野への過度な規制はイノベーションを阻害する。UberやAirB&Bの事例で明らかなように、既存産業の保護も必要ではあるが、それが過度になれば新しい産業は生まれないし育たない。既存業界・政治家・官僚の利権が透けて見えるような規制を撤廃し、イノベーションを阻害しない、そのような環境を作ることが何よりもまず必要である。

学ぶことが楽しい教育

前出のように、子供たちは「楽しい」と思えれば放っておいても勉強する、というのがイスラエルの人々の考え方である。その理念はわかったとしても、では、学ぶことが楽しいと子供に思わせるには、我々はどのような工夫をすればよいのだろうか？

アメリカのブルックリン公共図書館にもそのヒントがある。子供が非行に走るきっかけは、多くの場合放課後に起こる、という問題認識から、図書館では「健全な遊びと学びの場」を提供することとした。大勢の子供たちが集まり、思い思いに本を読んだり、宿題を片付けたり、コンピュータでレポートを書いたり、友達とおしゃべりをしたり、という場になっているそうだ（菅谷明子『未来をつくる図書館』＊36）。ブルックリン公共図書館の児童館は、普通の図書館のように静かにせねばならない場所ではなく、子供たちが自由に話し合い交流する場なのだ。宿題などは、放っておいても、子供同士がグループで助け合う。それだけではなく「宿題ヘルプ」という担当者が勉強の面倒を見てくれるので、授業で解らなかった点を教えてもらうこともできる。目玉は、パソコンが36台並んでいる「テクノロジー・ロフト」で、1回1時間まで、子供は自由に使うことができる。当然インターネット接続やプリンタも用意されている。ここでは、子供たち向けに、検索の仕方やプライバシーと安全など、情報リテラシーに関する講座も開催される。講座の講師はボランティアのティーンが務めることもある。この制度は、子供自身が他人に解りやすく教えるにはどうすればよいか、を学ぶ機会でもある。パソコンを目当てにやってきた子供が、だんだん本に親しんでくる、という効果もあるそうだ。

イギリスの語学学校では、クラスで授業をするだけではなく、教師とともにランチを一緒にしたり、スポーツをするなど、様々な活動に参加する、ソーシャルアクティビティが充実しているという。すなわち「生徒達が遊びながら生きた英語を話せる空間」を用意する。

これらの事例に共通する点は、子供たち・生徒が主体的に学ぶアクティブラーニングである、ということだろう。受け身で教師の講義を聴くという日本の一方通行授業スタイルではなく、主体的に調べ、他者に相談し、考える、という能動的な姿勢を引き出した結果、学ぶことを通して新しい発見をしたり、できなかったことができるようになったり、自分の活動や発言が評価されたり、という具体的な達成感を覚え、「学ぶことが楽しい」ということを子供たちに気づかせている。大人は、その気づきを与えるためのファシリテーターである。文科省で用意された教科書の内容を一方的に教える（知識の伝授をする）講義は、教師にとってはある意味手間がかからない。あらかじめ準備したことをプレゼンテーションするだけである。その一方通行が双方向のコミュニケーションになった途端に教師の負荷は増す。画一的な内容を一方的に教えるのではなく、子供たちの主体性を引き出し、その理解度やその場の状況に応じて、内容ややり方を工夫する力が教師にあれば、学ぶことはもっと楽しくなるはずだ。たとえ少し時間がかかったとしても、質の低い教育者を一掃し、このような力を持ったファシリテーターとなれる指導者を揃えてゆくことから始めるべきだろう。

初等教育だけではなく、高等教育でも、世界の学びのスタイルは変化している。作家の田口ランディ氏がアメリカのミネルバ大学、フランスのEcole42を例に、「ハーバードを超える難関大には「キャンパスがない」」。世界の学府は『共同創造の場』に」という記事を書いている（https://forbesjapan.com/articles/detail/27161/1/1/1?s = ns&fbclid = IwAR2GrmdewkBHEk1aN_VfmPN3xYNivP

OXXGZ2B4fSzrrU8GByY4S1V1Qh7iQ)。それによれば、もはや教師と学生という立場はなく、学校はプロジェクトをチームで行う場、となっている。フランスのEcole42はプログラミング専門の大学だが、教授はおらず、教科書もカリキュラムもない。授業＝プロジェクトである。サンフランシスコに拠点を置くミネルバ大学は、キャンパスもなく、世界中から学生がオンラインで集まり、誰かから何かを教わるのではなく、共同で研究を進めるようなスタイルだそうだ。どちらの事例も、第4章のタルピオット・プログラムのプロジェクトに通じるところがある。主体的に学ぶ、それができるような仕組みや環境を整える、というのは、日本の学生と教師双方にとって、現状よりも遥かに厳しいことになるはずだ。学校・教室という場があれば、学生はそこに行き、そこにいることで、勉強している気になる。しかし、ミネルバ大学のように物理的な場がなければ、学生自ら主体的に何かやらなければ何事も起こらない。この厳しさを乗り越えて得られることが楽しい、というのが理想であるべきだ。

多様性を尊ぶ社会

イノベーションとは新しいアイデア、新機軸を出すことで、新しい価値を生み出すことである。そして、イノベーションを生み出せるかどうか、は過去の常識にとらわれずに従来とは少し異なる視野を持てるかどうか、にかかっている。日本は、移民政策を大きく転換しない限り、人種や民族という意味での多様性を持つことはない。しかし、少なくとも画一的な教育から脱却することで、個性という多様性は育てることができる。義務教育期間に、同じプログラムを一斉に教え、偏差値を目安にした指導をする、その後の高等教育もその偏差値が基準となっている、ということは、そこそこのレベルの均一な人材を育てるという意味では有効であった。高度経済成長時代に、品質・性能の良いものを大量に安価に作る、そのための人材を育てる、というモデルには適していた。しかし、新しい産業を起こせる人材は、個性が際立っており、好きなことは徹底的に追求するような人々であり、その個性を損なわずに育てるような、自由度のある教育が必要である。この点は前節と共通する課題だ。

また、高等教育の場で多様性を養う最も良い刺激は、外国からの留学生である。独立行政法人日本学生支援機構の調査によれば平成30年の留学生数は約29万人で、一見順調に伸びているが、そのうち約9万人は日本語教育機関へ来る学生であり、実質はほとんど働く現場にいて、高等教育の場における日本人学生との接触は少ないと想定される。また、外国政府派遣留学生も3700名ほどいるが、全て韓国からであるようだ。国費派遣のできる対象国を増やすことも多様性拡大に向けた工夫の一つであるが、何よりも、世界の学生がハーバードやＭＩＴを目指すように、日本の大学も、外国の学生が留学したい、と思うだけの魅力・価値を持つことが先決だろう。そのためには優れた研究成果を生み出す、優れた教授・研究者が必要である。優れた研究成果を上げている教授がいれば、国内外にかかわらず、そこで学びたい・研究したいと考える学生も自ずと増える。アメリカの大学では、授業内容に対して学生が教師を評価し、評価の悪い科目は淘汰される。テニュアという資格を得なければ、教師も大学に居続けることはできない。このような厳しさは残念ながら日本の大学にはない。大学教授というポストを、定年がない（あるいは一般の企業よりも定年が遅い）第二の就職先と捉えている民間企業の研究者も残念ながら少なくない。プロ野球選手のように、専門家であれば高額な報酬が得られる一方で戦力外通告もあるべきだ。大学にもこのような厳しさがあってこそ、そこへ留学したいと思わせるような魅力を持った価値が生まれるはずだ。そのような魅力があれば、異なる文化・習慣を持ったより多くの国から、多くの留学生を受け入れることが、必然的に多様性を育てることにつながる。

挑戦することが尊ばれ、失敗を許容する文化

第5章でも述べたように、田村耕太郎氏の6歳（記事の当時）のお嬢さんがシンガポールのインターナショナルスクール、UWC South East Asiaに通っている。そこで学んだのは「挑戦して失敗することからの学び」である。安易な道を選択した人は何も学ばない、厳しい道を選んで挑戦し、失敗しても諦めなかった人が様々な学びを得る、ということを6歳の子供たちに自ら考えさせる授業をしている。イスラエルにも、優秀な人々は就職するよりも起業を目指すような傾向がある。また、兵役の中で難しい課題を与えられるが、これも結果の成功／失敗を問われるよりも、そこから学ぶことを徹底的に指導されるという。また、起業を目指す人々も、平均3回は失敗しているといい、投資家もその失敗を否定的には捉えず、そこで学んでいることが多いので次の成功の確率が高まる、というような見方をする。

このような文化を日本で醸成するにはどうしたらよいだろうか？

まずは私たち自身の意識を変えてゆく必要がある。何かを行うとき、将来起こり得ることを予測し、見通しを立てた上で段階的に計画を立てて進めてゆく、ことができる人は、日本では計画性がある人としてポジティブに受け止められる。定められた目標に効率的に到達し、低コ

スト・高品質のモノ作りで過去の高度経済成長実現を支えた、日本人の優れた資質と言ってもよいだろう。一方で、このような資質があるがゆえに、我々は不確実性を最小化することに注力する傾向があることも事実である。企業活動の中でも、新たな製品の開発をする、他社と提携をする、など、様々な意思決定の場面で、失敗をしないように不確実性を最小化するための調査・検討に時間をかける。その結果、かつての優れた資質は、インターネットの時代にはスピード感に欠け、ともすればビジネスチャンスを逃す、という欠点を顕在化させた。単純な二元論に持ち込む意図はないが、不確実性を潰してから走り出すのではなく、走りながら潰してゆく〝トライアンドエラー〟に慣れてゆかねばならない。その時の〝エラー〟はマイナスではなく、プラスを得るための材料なのである。

このような意識が一般化するためには、UWC South East Asiaのような教育を普及させるとともに、社会の仕組みも少しずつ変えてゆく必要があるだろう。例えば、〝新卒一括採用〟という就職の仕組みは、一度就職に失敗した人には再挑戦の機会が少なくなるという特徴があるいつであろうが、求める人材を通年で採用するような仕組みが一般化すれば、留学をしたり、卒業後、別の挑戦をしたりした人々に対して、より多くの機会を提供することが可能になる。社会保険の制度も、転職したり、起業したりしても持ち回れるような仕組みとなれば、一箇所にとどまらずに多様な挑戦をすることによるデメリットを最小化することができる。大企業の人事考課でも、一度悪い評価で昇進が遅れると、リカバリのできる可能性は高くないのが現状であり、このような制度が、個人が失敗をしたくないと思い、周囲も失敗を許容しにくい、日本の文化につながっていると言える。限られたタイミングを逃すと、職を得るにも苦労したり、一度悪い評価を得るとその後のリカバリが難しい、という企業や社会の仕組みを変えてゆけば、自ずと、そこを目指す学生やそこで働く労働者の側の意識も変わってくるのではないだろうか。

日本が世界から求められる価値を育てる

イスラエルには世界中の多国籍企業がR＆Dセンターを構えている。これは多国籍企業がイスラエル人の技術力、開発力を求めているからである。また、２０１８年にはイスラエルのスタートアップは累計64億７０００万ドル（約７０００億円）の資金を世界中から調達している。そこには将来のリターンが期待できる魅力的な投資先があるからに他ならない。そして、国としてその人材を育て、起業を支援する仕組みを提供している。すなわち、これらの切り口において、イスラエルは世界から求められる価値を提供している、という明確な証拠である。実際、第３章でも紹介したように、セレブライト社の協力がなければＦＢＩのテロ捜査も行き詰まったし、水関連技術は先進国だけではなく多くの発展途上国で活躍している。ＢＩＲＤという仕組みでも見られるように、もともと国内に市場がないために、最初からアメリカ、ヨーロッパの市場ニーズをにらみながら、そこで求められると思われる開発をしているので、その価値が理解されやすい。一方、日本企業では、まず国内市場向けに開発を行い、そこで実績ができると海外市場を狙う、というステップを踏むことが多い。日本の携帯事業者の要求仕様に応じて開発した携帯やスマートフォンが、世界市場では競争力を失いほぼ撤退したのは既述の通りである。日本で求められる価値が世界で求められる価値とは異なる場合があることは特段おかしなことではないが、時として、市場が求めているというより、事業者側の提案がそのままニーズと解釈され、過剰スペックになっている事例もある。

では、日本に期待される価値、日本が世界に提供できる価値とは、改めて何なのだろうか？日本が世界第2位の経済大国であった時代は、日本の市場、経済力、技術開発力は世界から期待された。

そのポジションを失った今、「日本がいなくなったら困る」と世界に思われるものはなんであろうか？

天然資源を持たず、人材だけが資源である、という意味で極めて類似した状況にあるイスラエルの生存戦略が参考となることは間違いないが、イスラエルと異なり、多国籍企業のＲ＆Ｄ

センターが日本に集まっているわけでもなければ、世界からの投資が日本企業へ集まっているわけでもない。改めて他国・他企業へ投資をする目的を考えてみると、

①対象となる企業が優れた人材、技術蓄積を持っているので、技術、技術を開発するまでの時間、人、場合によっては顧客、を買うために投資する

②対象となる国に有用な資源があるので、それを優先的に確保するために投資する

③業績不振などの理由で割安になった企業を買収し、付加価値をつけて売却したり、自社事業へ活用したりすることで、将来の利益を生むために投資する

の概ね三種類に分かれる。

世界の多国籍企業がイスラエルに投資をするのは、主に①の理由からである。日本の現状を考えると、①の例はほとんどなく、北海道の水源地を中国に買われているようなケースは②、日産への投資、シャープの買収は③の事例と言ってもよいだろう。海外からの投資により、日本が発展するためには、②③の投資ではなく、①の投資が増える必要がある。即ち、日本の価値を世界にとって魅力あるものに高めてゆく努力こそが必要だろう。日本の技術が世界で圧倒的に優れている分野はいくつかある。例えば、

・自動車に使われるハイテンと呼ばれる高張力鋼板

・半導体製造プロセスに利用されるフッ化水素

・スマートフォン、デジカメに使われるＣＭＯＳセンサー
・デジカメやプリンター／複合機
・炭素繊維

など、比較的部品・材料が多いかもしれない。このような強みのある分野を一つでも多く持つことは無論重要であり、多くの競争力ある製品・技術を持つという意味において、まだまだ我々には底力がある。しかし、これらの分野で、①の目的で海外から日本への投資があるという話はあまり聞かない。例えば、自動車という商品を例にあげれば、軽くて強い高張力鋼板は自動車を製造する上での必須素材ではあるが、これからの自動車に求められているのは、ＣＡＳＥ（Connected, Autonomous, Sharing, EV）と呼ばれるトレンドに関わる主にソフトウエア技術である。仮に、自動運転の分野で（ＣＡＳＥのどれかで）日本が高張力鋼板ほどの市場シェアを握る技術を持っていたとすれば、その技術獲得のために世界からの投資が集まるに違いない。実際、ＣＡＳＥ関連の技術でもイスラエルは強く、トヨタをはじめとする世界中の自動車メーカーがイスラエルにＲ＆Ｄセンターを置いている。即ち、高張力鋼板は自動車の必須材料ではあるが、海外からの投資を集めるような戦略分野ではない、ということになる。世界から投資が集まる国になる、ということは、そのような戦略分野で抜きん出ることに他ならない。日本がそうなるためには、語り尽くされていることではあるが、企業は成功体験にとらわれずに最

先端の競争が起きている分野へ果敢に挑戦し、事業ドメインを転換してゆく経営力と、戦略分野を見極める目利き力、を養う以外にない。国としてもより多くの挑戦者を育て、潰さないような仕組みを作ることが必要である。

別の例で考えられるのは原子力だろう。東日本大震災での福島第一原子力発電所の事故以来、日本人の原子力アレルギーは一層強くなった。再生可能エネルギーだけで必要な電力をまかなえるのであればそれに越したことはないが、現在既に運転中の原子力発電所は世界31カ国で442基存在し、建設中の発電所も53基ある（一般社団法人日本原子力産業協会データ、2020・1）。これらの発電所設備がいずれ廃炉になる時期を迎えるときに、使用済み燃料の取り出しや原子炉の解体、などの作業が必要となる。そして、これらの作業に現在否応なしに取り組んでいるのが日本なのである。しかも事故現場という厳しい環境条件の下で、これらのプロセスを進めなくてはならない。この、時間がかかり困難なプロセスを、しかも事故現場という厳しい環境下で、丁寧に、かつ安全に実行するノウハウを確立できれば、自らの復興作業にも役に立つだけではなく、まさしく日本は世界に求められる技術・ノウハウも持つ国となるのである。残念ながら、政治的にも社会的にも企業や大学が原子力の研究開発に一層の力を注ぐことには向かい風の状況にあるが、このような時こそ、当該分野の人材を育成し、簡単に持つことのできない技術・ノウハウを確立することには重要な意味がある。

どういった分野でどのような人材・産業を育成するか、それは正に我々がどのような国になろうとするか、を具体的に描くことである。

尖った人材を育てる

本書のきっかけになったのは、第4章で説明したタルピオット・プログラムの詳細を知ったことにある。1万人の候補者から50名を選び出し、トップ・オブ・トップの技術エリートを育成する、徹底した3年間のエリート教育である。イスラエルで毎年1000社以上のスタートアップが生まれるが、そのかなりの部分は、このエリート教育を受けた人材が兵役後に起業したものと言われる。つまり、エリート教育をすることが、明らかに国としての成長ドライバーになっているのである。日本人は平均的には優秀であり、真面目で協調性がある。高度経済成長時代の製造業で、高性能、高品質の製品を高い生産性で製造するモノ作りには、同質性の高い労働者は適した人材であったと言える。しかし、今の日本に求められるのは、果敢に挑戦をし新しい産業を興すことのできる、タルピオット卒業生のような尖った人材であるはずだ。

2011年から日本は人口減少に転換した。国立社会保障・人口問題研究所は、2045年には日本の総人口が１億６４２万人になると予想している。２０１５年の総人口が１億２７０９万人だったので、30年で２０００万人減少することになる。生産年齢人口が減少することにより国力は低下し、社会保障システムを維持しようとすれば国民の負担は増大することはもはや不可避となった。日本のＧＤＰの約60％は民間消費であるので、人口が減少するということはＧＤＰも減少することになる。高齢者や女性の労働者を増やし、外国人労働者を受け入れる等、様々な手段が検討されているが、そもそもかつての製造業に置き換わるような新しい産業を興すこと、こそが必要である。技術革新により生産性の更なる向上を図るとともに、新しい産業を興すことで、人口減少の下でも経済成長率を高めることが必要不可欠となる。乱暴な議論かもしれないが、母集団が大きければ自然と切磋琢磨する機会も多くなり、優秀な人材が生まれるチャンスも大きい。残念ながら人口減少が不可避な日本では、戦略的に人材を育成せねば経済成長率を高めるどころか現状のレベルを維持することすら難しいだろう。だからこそ、タルピオットのようにエリート人材を育てることが不可欠なのである。スポーツの世界でも、データに基づいた科学的トレーニングにより、選手のパフォーマンスを改善することが当たり前になってきているのに、教育の世界では、十年一日のごとく、「教師から生徒への一方通行の知識伝達」「問題解決能力による成績評価」が行われている。教育を受ける機会の均等は大切だが、力のある人材にはその力を更に伸ばす機会を提供せねばならない。それぞれ個性も異なり能力も異なるはずなのに、同年齢の子供たち全員が同じ内容の教育を一斉に受ける、という現在の日本の仕組みは「平等」と「公平」を履き違えたものであると言えるだろう。

新しい産業を興す、ということは、答えの見えない挑戦を繰り返すことになる。何らかの成果を獲得するためには、どれだけ多くの挑戦をし、どれだけ多くの失敗をしたか、が、どこまで成果に近づいたか、の指標となる。我々が目指すのは、常識にとらわれない柔軟な発想ができ、「使命感」を持って繰り返し挑戦することのできる人材を育てる、ということになる。

イスラエルで取り入れられてきた、アメリカ側のニーズに合わせて必要となる技術開発を行い、アメリカ市場への橋頭堡《きょうとうほ》を築くＢＩＲＤという仕組み、サイバー・スパークという産官学軍の集まったエコシステム、など、「仕組み・施策」は模倣することが可能である。しかし、失敗を尊び、挑戦を称えるような、人々の意識に根ざすものは容易に真似することはできず、時間をかけて教育から変えてゆくしかない。幸いなことに、少し動きは出てきている。例えば出口治明学長が率いる立命館アジア太平洋大学（http://www.apu.ac.jp/home/）である。尖った人材を育てることを目標とし、ダイバーシティの重要性から世界中からの留学生を集めている。これからの日本に尖った人材を育てる教育が普及し、意欲のある起業家が生まれ、日本が再び世界にインパクトを与えるイノベーションを興す国となってゆくことを願いたい。そのために、私が経験したイスラエルからの様々な刺激が少しでも参考になれば幸いである。

あとがき

昭和世代は覚えているかもしれないが、主に1980年代、当時の通産省肝いりの官民一体のプロジェクトとして日本がＬＳＩの開発・生産で世界のトップを走っていた頃、「半導体は産業のコメである」というフレーズをよく聞いた。電子機器だけではなく、自動車や工作機械、軍事産業、等々、ありとあらゆる産業で使われるモノに必須となる部品であり、ＬＳＩがなくてはすべての産業が成り立たない、という意味である。そのキー部品（当時はＤＲＡＭだった）の開発・製造で日本が世界のトップを走っている、という自負に裏打ちされた言葉であった。日本は官民挙げてそのコメ作りに邁進した。しかし、40年後の現在、ＤＲＡＭ市場はサムスン、ＳＫハイニックス等の韓国勢に席巻され、日本に残っている半導体は、ソニーのイメージセンサーだけ、と言ってもよい。不揮発性メモリに強い東芝の半導体部門も売却され、唯一半導体企業として残ったルネサスエレクトロニクスも厳しい経営が続く。まさに、減反政策に翻弄されながら苦しい思いで農家が生産している「コメ」と似ている。

半導体が「産業のコメ」であること自体は間違いではないのだが、当時世界一だった日の丸半導体産業は、なぜ、ここまで凋落したのだろうか？　色々な意見はあるとは思うが、私自身は、

・製造技術開発に偏り、何を作るという経営（ニーズ）の視点に弱かった

・自主技術にこだわり、垂直統合型の事業を進めた

点が大きいと考えている。

半導体の世界では、インテル創業者の一人であるゴードン・ムーアが唱えたムーアの法則、LSIの集積率は18カ月で2倍となる、が確固たる指針として存在したため、如何に高精細化を可能とする製造技術を開発するか、が、日本の半導体各社の競争目標となった。しかも、産業のコメという認識から、市場はあらゆるところにある、と考え、ニーズの視点が希薄となった。同時に、製造ラインを更新するための投資額も巨大であることから、それだけの体力のある、NEC、日立、富士通、三菱、等々の錚々《そうそう》たる総合電機メーカーの一事業部が主要プレーヤーとなったため、大企業特有の、経営判断に時間がかかる、独自技術に拘《こだわ》る、という問題を抱えた。

当時はもちろん、今でもプロセッサの主流であるインテルは、自ら製造もしているが、その強さは「どんな機能・性能を実現できる何を作るのか」の設計開発力にある。日本の競争の激

しいDRAM分野で、高速化・高集積化をどう実現するか、という製造技術開発に注力し、「どんな機能のLSIが求められるのか、何を作るべきなのか？」という経営視点に乏しかったのである。付加価値をつける場所を間違えた、と言ってもよいだろう。また、総合電機メーカー各社は、それぞれ独自技術に基づいた製造ラインを作り、すべて自社技術で賄う垂直統合路線を取ったため、それぞれが巨額の投資を続けることとなった。大企業の一事業部が巨大投資をする、という経営判断に時間がかかるのはやむを得ないが、グローバルな競争では、その時間が明らかに弱点となった。また、各社が技術を囲い込むために、ファブレスという事業も日本では興らなかった。更に、官民一体プロジェクトとして国が相当のお金を出したが、残念ながら優秀な官僚は、金だけではなく口も出したのである。その結果、一時は日本が世界をリードした産業で、日本の存在感は薄れていった。

過去には半導体の研究開発に携わり、新規事業開発の失敗経験等もある人間として、この種の問題認識はイスラエルと付き合い始めるずっと前から、常に漠然と私の頭の中にあった。それが、13年間のイスラエルとの付き合いを通して、彼らが次々にイノベーションを興すのを目の当たりにし、日本が抱える課題を解決するためのヒントがここにあると考えるようになった。「単なる問題認識」から「どうすればよいのだろうか？」を考える方向へ動いていった。その考えを具体化するための啓示となったのが、偶然2018年11月に、科学技術・学術政策研究所（NISTEP）による講演会「タルピオット・プログラムに見るイスラエルのイノベーションシステム」での、自身がタルピオットのチーフインストラクターだったトマー・シャスマン（Tomer Shussman）氏の講演であった。タルピオットというプログラムがあること自体は以前から知っていたが、この講演で紹介されたプログラムの詳しい内容や仕組みが、想像を遥かに超えた凄いものだったからである。足掛け2年という時間をかけて国中の高校生からトップレベルの人材50名を発掘して、彼らを徹底的にエリート教育する、というイスラエルの人材育成のプログラムに目を瞠《みは》った。普通の大学であれば、1万人規模の学生から得る授業料と、校友からの寄付及び公的補助金で経営がなんとか成り立つわけで、大勢の学生を相手にするマス教育が当たり前である。それが、経済合理性からは全く考えられない、ほぼマンツーマンのような教育が、現実に存在するのである。かつ、育成する最適な人材を選ぶために専門のリクルーターが1年以上の時間をかけて全国で候補者を探し回り、多面的な視点から選別を進めてゆく。選ばれた生徒に対しては、単に学業だけではなく、肉体・精神・リーダーシップなど、バランスのとれた人材育成を行う、本当に多彩な内容から成るプログラムなのである。学校教育というよりも、優れた技を持つ伝統工芸の職人が弟子を育て、その技を伝えるような世界に近いものを感じた。考えてみれば、人を育てるというのは、日本の職人がやってきたように本来手間がかかることであり、育てる側にも育てられる側にもそれなりの思い（覚悟）があるはずである。そして、マス教育ではできない価値を実現しているのではないだろうかと想像した。

早速、当該講演会の主催者であった、東京工科大学の七丈直弘教授に会いに行き、ディスカッションをさせていただいた結果、こういうプログラムが存在すること自体を我々日本人が認識すべきであり、そこから学べるものを少しでも学ぶべきである、という思いを更に強くした。なぜなら、イスラエルで生まれるスタートアップのほとんどに、何らかの形でこのプログラムを卒業したエリートたちが関わっていることがわかったからである。本来、国家の安全保障の目的から生まれたプログラムではあるが、今では国の経済成長のドライバーとなっている。日本が長期にわたる低迷状況から抜け出すためには、イスラエルのエリート人材育成を知り、そこから参考にできることを学ぶことは必ず意味がある。その切り口であれば、私にも何か書けるかもしれない、と考えた。それ以降、自分の13年間のイスラエル経験を振り返りつつ、少しずつ頭を整理しながら文章化する作業を続けるごとに、我々日本人にできていないこと、イスラエルから学べそうなこと、が見えてきた。

それは、一言では言いにくいが、彼らの挑戦する姿勢やスピード感ある行動力に加えて、常識にとらわれない考え方、である。幸いにして、我々日本人は水や安全を苦労せずに手に入れており、明日が昨日とあまり変わらないことが当たり前のような前提で物事を考えることが多いが、イスラエル人はあらゆるものを自らの努力で手に入れており、常に前提条件なしでものを考えることが多い。結果が良くなるか、悪くなるかはともかく、その時点時点での意思決定をする。日本人の得意な「先送り」はしない。そして、イスラエルの人々は、〝We have no alternation.（もう一度の人生はない）〟〝We never lose.（もう何も失いたくない）〟という思いで、完成度は低くても、Improvisation（即興）だとしても、やれることはやる、という姿勢で日々生きているように感じる。この強い意志と行動力が多くのイノベーションを生み出していることは間違いない。そして、それを支えているのが彼らの教育に対する姿勢であり、使命感を持ったエリートたちなのである。すべてが参考になる、というわけではないが、イスラエルで具体的に実行されている事例を彼我の比較という形で示せば、「変化」を受け入れることが苦手な我々日本人も、イスラエルからの気づきを得て、少しずつ変われるのではないか、というのが本書をまとめた期待である。参考にした、『ISRAEL'S EDGE』という本の最後にも、イスラエルの起業家、バラク・ベン＝エリエゼル（Barak Ben-Eliezer）のこういう一文がある。

Education and social issues are less photogenic, but just as acute of a problem as security. They are internal bleeding issues, rather than external bleeding, and therefore it is more difficult to catch them and expose them.

怪我をして腕から血を出しているのは、誰でもわかるが、内出血はなかなか外から見えないのでわかりにくい。教育の問題とか社会の問題は、敢えて掘り起こさなければ見えない内出血のようなものだ、と言うのだ。例えば、経済成長を目指して、国がインキュベーションセンターのような容れ物、や、投資のプログラム、を作るのは外からでも見えるのでわかりやすい。しかし、それを活用すべき人間自身が、型にはまった発想しかできなければ成果は出てこない。常識にとらわれた発想しかできないような問題を、「内出血」と表現している。彼は、MBAは、この「型にはまった発想」の人間を育てるプログラムだ、と喝破している。更に、「フォトジェニック」という言い方で、メディアや我々自身も、目に見えやすいものばかり話題にするが、目に見えない「内出血」のような問題を解決せねば、成果は生まれない、と警告している。タルピオット・プログラムは、この内出血問題に真正面から取り組んだと言える。

そして、このハードな3年間のプログラムを共にこなし、その後の6年間の兵役で重要な研究開発のミッションに従事したタルピオット卒業生たちのネットワークは、本当に「密度が濃い」のである。この「濃いネットワーク」こそが、イスラエルの強みの原点となっているため、前述の通り、「ほとんどのスタートアップにタルピオット人材が何らかの形で関わっている」という事実が生まれているのだ。社会に出るまでのモラトリアム期間として過ごした大学の同窓会、働き方改革により残業も少なくなった会社の仲間、が中心である日本のネットワークの密度は、比較にならないほど希薄であると言えるだろう。自分が何か問題を抱えたときに、これらの仲間の中に相談しようと思う相手が思い浮かぶだろうか？　この「希薄なつながり」も内出血のようなものだ。

私は教育者でもなく、教育そのものを議論したかったわけでもない。あくまでかつてのエンジニアとして、技術立国を標榜してきた日本が、もっとイノベーションを興し、ビジネスの競争力を高めて長い停滞期を抜け出すことが主たる関心である。スタートアップネーションと呼ばれるイスラエルのやり方で、参考となるものはなんでも真似してみたい、と考えたときに、「常識にとらわれない考え方」を育てるエリート教育にたどり着いたのである。そのエリート教育を理解するために、素人ながらイスラエルの歴史や宗教についても学んだ。第2章、第3章は私が学んだことをまとめたものであり、記述に誤りがあれば全て筆者の理解不足と責任である。もとより文章を書くことを正規の仕事としたことがあるわけでもなく、イスラエルとの付き合いも13年程度であるので、自分の観察が正しいのかどうか、また、伝えたかったことが正しく表現できているかどうか甚だ心もとない。ただ、第4章で紹介した、ナタリー・ポートマンのスピーチにあるように、素人であることは新たなことを学ぶ上では強みかもしれない。そして、研究者、サラリーマン、ベンチャー、という過去の経験から、文章を書くという未経験の領域に挑戦したことは、少しは自分自身の中でも〝イスラエル経験〟が活きたせいかもしれないと思っている。今後もイスラエルとの関わりは続きそうなので、我々日本人が参考にできそうなことを探す興味は持ち続けたい。そして、新たな発見があれば何らかの発信は続けたいと思っている。

このような機会を作ってくれた、スタイル株式会社代表取締役『WirelessWire News』発行人竹田茂氏と、東京工科大学アントレプレナー専攻長、IRセンター担当、コンピュータ・サイエンス学部教授七丈直弘氏、そして、2018年11月の講演の講師でもあった、セルスコープの共同創業者・CEOのトマー・シャスマン氏には改めてこの場を借りて感謝したい。また、拙い英語のインタビューに快く応じてくれた、オリット・アドベンチャーズのオリット・バハール・シンドラー（Orit Bahar Shindler）氏、プレディクティブビッドというスタートアップの共同創業者及びCTOであるリエル・ヴィラ（Liel Villa）氏にも御礼を申し上げたい。駐日イスラエル大使館広報室には、イスラエルの写真利用についてご協力を頂いた。この場を借りて御礼申し上げる。

また、長いことテルアビブに在住し、現地日本人コミュニティを支えているパンラエル株式会社土田英理也氏には、現在の教育について色々教えていただいた。改めて御礼を申し上げる。ビジネスパートナーでもあり10年来の友人でもある、ギラド・ヨシ（Gilad Yoshi）とヤエル・アサフ（Yael Assaf）は、色々なエピソードを教えてくれたり、イスラエル人の名前をカタカナ書きする上で読み方を教えてくれたり、様々な協力をしてくれた。彼らの協力にも心より感謝したい。

最後に、本を書くということに全くの素人である私に、粘り強く指導をしてくれた編集者の今井章博さんに心より御礼を申し上げるとともに、私の挑戦を見守ってくれた妻にも感謝する。

参考文献

＊1『アップル、グーグル、マイクロソフトはなぜ、イスラエル企業を欲しがるのか？』ダン・セノール／シャウル・シンゲル、宮本喜一訳、ダイヤモンド社
＊2『ユダヤ人の歴史』シーセル・ロス、長谷川真／安積鋭二訳、みすず書房
＊3『水危機を乗り越える！ 砂漠の国イスラエルの驚異のソリューション』セス・M・シーゲル、秋山勝訳、草思社
＊4『科学技術・イノベーション政策動向イスラエル編２０１０年版』独立行政法人科学技術振興機構研究開発戦略センター
＊5「ＢＩＲＤ」https://www.birdf.com/
＊6「BIRD Foundation Interactive Project Database」http://projectsdb.birdf.com/
＊7「対イスラエル直接外国投資の手引き」イスラエル経済産業省海外投資産業協力局
＊8「Start-up Nation Central」https://finder.startupnationcentral.org/investors/search
＊9『ＡＲＣレポート 経済・貿易・産業報告書 ２０１７／18イスラエル』ＡＲＣ国別情勢研究会
＊10「イスラエル中央統計局」http://www.cbs.gov.il/reader/?MIval=cw_usr_view_Folder&ID=141
＊11「人口統計データベース」http://demography.blog.fc2.com/blog-entry-1041.html
＊12『ユダヤとは何か。』市川裕監修、ペン編集部編、ＣＣＣメディアハウス
＊13『イスラムとは何か。』ペン編集部編、ＣＣＣメディアハウス

＊14『ISRAEL'S EDGE：The Story of the IDF's Most Elite Unit－Talpiot』Jason Gewirtz, Gefen Publishing House
＊15『イスラエル』臼杵陽、岩波新書
＊16『知立国家 イスラエル』米山伸郎、文春新書
＊17『イスラエルを知るための60章』立山良司、明石書店
＊18『イスラエル人とは何か』ドナ・ローゼンタール、中丸薫監修、井上廣美訳、徳間書店
＊19『ISRAELI Business Culture』Osnat Lautman
＊20『ユダヤ式「天才」教育のレシピ』アンドリュー・J・サター／ユキコ・サター、講談社＋α文庫
＊21『「乳と蜜の流れる地」から非日常の国イスラエルの日常生活』山森みか、新教出版社
＊22『ユダヤ人の世紀』アラン・M・ダーショウィッツ、山下希世志訳、ダイヤモンド社
＊23「Netafim社サイト About Us」https://www.netafimusa.com/company/about/our-story/
＊24『ありのままのイスラエル』栗谷川福子、柏書房
＊25『ユダヤ人の頭のなか』アンドリュー・J・サター、中村起子訳、インデックス・コミュニケーションズ
＊26「シオンとの架け橋」http://www.zion-jpn.or.jp/index.html
＊27「『日本型教育』は世界で類を見ないほど平等だ」雨宮紫苑『東洋経済オンライン』https://toyokeizai.net/articles/-/155227
＊28「平成29年度 外国人留学生在籍状況調査結果」https://www.jasso.go.jp/about/statistics/intl_student_e/2017/index.html
＊29「グローバル化と英語に関する実態調査」クロス・マーケティング
＊30「子どもに『最低3つの肩書きをつくれ』と教えるワケ」https://business.nikkei.com/atcl/seminar/19/00128/00006/?P=4&mds

＊31『ユダヤ大事典』ユダヤ大事典編纂委員会編、荒地出版社
＊32『一度も植民地になったことがない日本』デュラン・れい子、講談社＋α新書
＊33『これからどうする　未来のつくり方』岩波書店編集部編、岩波書店
＊34『グローバル化の秘訣はイスラエル企業に学べ』ジョナサン・フリードリッヒ／アミット・ノーム／エリー・オフェック、ＤＩＡＭＯＮＤハーバード・ビジネス・レビュー編集部訳、ダイヤモンド社
＊35『未来をつくる図書館』菅谷明子、岩波新書
＊36「Talpiot Program」トマー・シャスマン、ＮＩＳＴＥＰ講演会資料
＊37『山川　世界史小辞典』山川出版社

【著者紹介】

新井　均（あらい　ひとし）

事業開発コンサルタント兼ライター。

1955年東京生まれ。早稲田大学大学院理工学研究科電気工学専攻、MITスローンスクールMOTプログラム修了。NTTで表示デバイスの研究開発に従事後、外資系メーカー・新規参入通信事業者でのマネジメント経験を経て、2007年にモバイルサービスの会社を起こす。このときに使った技術がイスラエル製だったことからイスラエルとの付き合いが始まる。

現在は、イスラエル企業の日本市場進出を支援しつつ、イスラエルに関する記事をWEBメディアで発信。日本イスラエル商工会議所、日本イスラエル親善協会会員。

世界のエリートはなぜ「イスラエル」に注目するのか
2020年6月4日発行

著　者——新井　均
発行者——駒橋憲一
発行所——東洋経済新報社
〒103-8345　東京都中央区日本橋本石町 1-2-1
電話＝東洋経済コールセンター　03(6386)1040
https://toyokeizai.net/

装　丁…………秦　浩司
D T P…………アイランドコレクション
印　刷…………東港出版印刷
製　本…………積信堂
編集協力………今井章博

Printed in Japan　ISBN 978-4-492-50319-5